시와창작
문학상
수상작집

니들이 알아?

조자롱 수필집

광진문화사

조자룡 수필집
니들이 알아?

인쇄 2020년 10월 5일
발행 2020년 10월 9일

지은이   조자룡
발행인   유차원
펴낸곳   광진문화사
발행소   04556 서울 중구 마른내로 4가길 5
         상현빌딩 3층 광진문화사
전   화 02-2278-6746
작가 이메일 whskagp123@hanmail.net
출판 등록 제2-4312

*이 책의 저작권은 저자에게 있습니다.
*저자의 서면 동의없는 무단 전재 및 복제를 금합니다.
*인지는 생략합니다.
*잘못 만들어진 책은 바꾸어 드립니다.

| 작가의 말 |

직업군인으로서 후배 부하들에게 띄운 나의 메시지

직업군인을 직업으로 가졌지만 어려서부터 마음 한구석에 간직했던 문학에 대한 꿈과 일상생활에서 느끼는 소회를 기록하여 후배 부하들에게 메일로 전파하였다. 내 개인적인 생각에 불과하겠으나 비슷한 시기에 비슷한 상황을 접할 것이기에 그들에게 혹여 도움이 되지 않을까 하는 기대와 함께 타인에게 보여줄 목적으로 쓰는 글이라면 좀 더 심사숙고하고 더 나은 글을 쓰게 되리라는 희망 때문이었다.

2000년부터 기록하기 시작한 글은 2012년 전까지는 주로 편지글이었고 2012년 이후에는 글에 소제목을 붙인 수필 형식이었다. 전역 후에 그동안 기록한 글을 정리하였고, 소제목 중 군인의 본분인 자유와 사랑과 조국의 수호를 의미하는 '니들이 알아'를 도서명으로 정하였다.

문학을 전공하지도 않았고 유명 작가의 가르침도 받은 적이 없지만 내 나름대로 평범한 사람들이 느낄 만한 애환을 진솔하게 기술하였다고 자부하는 바이며, 현대인이라면 누구나 고민할만한 주제를 사유하였기에 비슷한 상황에서 도움이 될 것도 있으리라 생각한다. 비록 큰 감동을 선사하지 못할지라도 약간의 도움이라도 된다면 큰 영광이 되겠고, 잘못된 지식이나 생각에 대하여 지적하여 주시기를 감히 요청하는 바이다.

딸 둘과 아들 하나를 지극정성으로 키워 훌륭하게 성장시켰고, 10년 전부터 몸이 불편하신 부모님을 직접 모시기도 하였으며, 결혼 25주년인 올해까지 부족한 남편을 사랑으로 감싸온 아내에게 감사하는 마음으로 이 책을 바친다.

                2020. 10. 01.

                              조 자 룡

| 축하의 글 |

분단 조국에 바치는
한국 최초의 〈병영문학〉을 위하여

　지구상에서 단 하나의 분단국가인 대한민국에서 태어난 남아라면 누구나 꼭 한번 다녀오는 군대! 바로 그 젊음의 군대 후배부하들을 위하여 이 글들을 썼기에 조자룡 수필가의 작품은 가슴을 뜨겁게 하는 열정이 담겨있다고 하겠습니다.
　조자룡 수필가와 인연을 맺게 된 것은 제가 주간직을 맡고 있는 종합문예지 〈시와창작〉 신인상의 심사를 통해서였습니다. 그런데 지금까지 대부분 수필부문 응모자들은 대개 평범한 작품들이었지만 조자룡 응모자는 거의 책 한 권 분량의 작품들이 한국 최초의 병영문학이라고 부를 만큼 직업군인답게 군대 후배부하들에게 전하는 상관으로서의 올곧은 규율과 뜨거운 전우애가 녹아있는 작품들이었습니다. 특히 〈시와창작〉의 신인상 수상작인 〈황사바람〉은 다음의 심사평에서 보듯이 독보적인 병영문학 작품이라고 하겠습니다.
　새로운 〈병영문학〉의 출현을 반기며!

문예지에서 오랫동안 신인상 응모 작품의 심사를 해온 중에 이번 〈시와창작〉의 산문 부문에 〈황사바람〉 외 여러 편을 응모한 조자룡 님은 문단에서 처음으로 〈병영문학〉이란 새로운 장르를 개척한 것 같아 무척 반가웠습니다. 대한민국의 남아라면 누구나 가는 군대에서 조자룡 님은 직업군인으로서의 투철한 군인정신을 담아낸 〈황사바람〉에서 병사에게 전하는 훈화같은 형식을 취하지만 그 진정성에 감동하게 됩니다.

  수필이든 소설이든 산문의 경우는 우선 잘 읽히고 거기에 주제가 녹아 있으며 마지막 독자를 감동시킨다면 더 이상 바랄게 없다고 할 때 조자룡 님의 작품은 이 세 가지 조건을 더할 나위없이 충족시켰다고 하겠습니다.

  요즘 국가 안보가 걱정되는 상황에서 조자룡 님의 작품을 읽으며 문득 임진왜란 때 이순신 장군의 〈난중일기〉를 떠올렸습니다. 그때나 지금이나 진정으로 나라를 지키기 위해 싸우는 애국정신은 같다고 생각할 때 조자룡 님의 작품은 단순히 한 개인의 〈군대이야기〉가 아니라 〈분단 조국의 역사적 자료가 되는 병영문학〉의 신인상 수상작으로서 추천하며 축하드립니다.〉

  이제 조자룡 수필가가 등단하여 첫번째 저서 〈니들이 알아?〉를 세상에 선보임에 신인상 심사위원으로서 진심으로 축하드리며 독자의 큰사랑을 받는 수필가가 되시길 기원합니다.

2020년 가을에

한국문인협회 소설분과 회장 이은집

차 례

작가의 말 : **직업군인으로서 후배 부하들에게 띄운 나의 메시지** / 4

축하의 글 : **분단 조국에 바치는 한국 최초의 병영문학을 위하여** / 6

제1부 청춘

하나, 개구리의 어린 시절 / 14

둘, 공군 교육사 신병 교육 중 / 18

    성인의 조건 / 18

    성공이란 / 23

    성공하려면 / 24

    꿈 / 27

    꼴 / 30

    꾀 / 33

    끼 / 35

    깡 / 40

    끈 / 45

셋, 영어에 대하여 / 51

넷, 전사들의 합창 / 55

다섯, 첫눈에 대한 감상 대대원에게 / 58

여섯, 선물 / 61

일곱, K-POP의 비애 / 64

여덟, 대학 / 67

아홉, 성적 / 70

열, 연애편지 / 72

열하나, 사랑의 정체 / 74

제2부 전우

하나, 니들이 알아 / 77

둘, 짝사랑의 비애 / 81

셋, 해야 할 때 / 84

넷, 공군 교육사 신임 소위들에게 / 88

다섯, 대대 간부들에게 / 90

여섯, 영내자축구 준우승 후 대대원에게 / 98

일곱, 대대 장교 음주사고 후 대대원에게 / 103

여덟, 진급 누락자에게 / 108

아홉, 전역을 희망하며 / 111

열, 나이 / 118

차 례

열하나, 떠나가는 전우들아 / 122

열둘, 세상에서 제일 멋진 병사 / 126

열셋, 고독 / 129

열넷, 전대 체육대회를 마치고 / 133

열다섯, 서늘한 한여름 / 136

열여섯, 사고 발생 후 대대원에게 / 140

열일곱, 병사 자살 시도 후 대대원에게 / 149

열여덟, 크리스마스 인사 - 대대원에게 / 155

열아홉, 서산기지를 떠나며 / 159

스물, 생일 축하 / 163

스물하나, 헌신 / 169

스물둘, 전사들의 합창이 그리워지는 시절 / 172

제3부 가족

하나, 사랑하는 아내에게 / 182

둘, 혜연이가 좋아하는 것 / 184

셋, 즐거운 어버이날 되세요 / 189

넷, 상연이 편지 / 192

다섯, 사랑하는 아버지께 / 195

여섯, 내 아이들에게 / 198

일곱, 아내에게 / 201

여덟, 큰딸 아연이 성인 되던 날 / 203

아홉, 사랑하는 아들, 딸들아 / 205

열, 늙는다는 것 / 211

열하나, 어머니의 우산 / 214

열둘, 운수 좋은 날 / 216

열셋, 출판 / 220

열넷, 브랜드 / 222

제4부 인생

하나, 입에 쓴 약 / 226

둘, 곪은 상처는 언젠가 터진다 / 230

셋, 노병의 아내에게 바치는 노래 / 234

넷, 살아온 날들을 돌아보며 / 239

다섯, 넋두리 / 242

여섯, 늙은 군인의 노래 / 245

차 례

일곱, 등산 / 255

여덟, 참회 / 258

아홉, 사랑 / 260

열, 평등 / 263

열하나, 발효와 부패 / 266

열둘, 갈등 / 271

열셋, 사인 사색 / 273

열넷, 상전벽해 / 276

열다섯, 악마의 조건 / 279

열여섯, 인간의 사랑 / 281

열일곱, 공군 소령 조자룡에게 / 283

열여덟, 남기는 글 / 287

제1부 청춘

청춘이란
인생의 어떤 한 시기가 아니라
마음가짐을 뜻하나니
장밋빛 볼, 붉은 입술, 부드러운 무릎이 아니라
풍부한 상상력과 왕성한 감수성과 의지력
그리고
인생의 깊은 샘에서 솟아나는 신선함을 뜻하나니…

사무엘 울만

하나
 개구리의 어린 시절

개구리의 어린 시절을 아십니까?
팔, 다리도 없고
울음소리도 낼 수 없던 그 시절,
머리와 꼬리만 있던
우스꽝스러운 시절이 있었습니다.
사람들은 그들을 올챙이라고 부릅니다.

개구리는 올챙이를 보고 비웃습니다.
생긴 것이 이상하게 생겼다고
입이 있으면서 울지도 못한다고 웃습니다.
하지만 사람들은 압니다.

올챙이도 자라면 개구리가 된다는 것을.
비웃는 개구리에게도
올챙이 적 시절이 있었다는 것을.

사람들은 모릅니다.
그러면서도 안다고 생각합니다.
자신의 어릴 적 일을.
그리고 교육하고 훈계합니다.
올챙이 적 일을 생각하라고.

우리는 사람들을 이해해야 합니다.
함부로 비웃어서는 안 됩니다.
함부로 욕을 해서도 안 됩니다.
지금 부하나 자식들이 하는 행동이 마음에 들지 않아도
기대에 미치지 못해도
그래서는 안 됩니다.
개구리가 될 수도 있으니까요.

선배들이 말합니다.
옛날에는 선배한테 충성을 다 했는데
요즘은 달라졌다고.
동료들이 말합니다.

우리 때는 고생을 이겨냈는데
요즘 후배들은 정신력이 너무 약하다고.
후배들도 그 후배들에게 말할 겁니다.
예전에 비하면 너무 달라졌다고.

병장들이 말합니다.
예전에는 많이 맞기도 하고 군기가 빡셋는데
요즘은 너무 졸병들만 감싼다고.
상병이나 일병들이 말합니다.
고참들은 자기는 하는 일 없이 시키기만 하고
졸병들은 너무 일을 모르고 게을러터졌다고.
이등병들이 말합니다.
군대가 말로만 개선되었다고 하면서
예전과 달라진 것이 하나도 없다고.

그런데 우스운 일이 있습니다.
십 년 전 병장의 말과 오늘날 병장의 말이
십 년 전 이병의 말과 오늘날 이병의 말이
십 년 전 상관의 말과 오늘날 상관의 말이
십 년 전 동료의 말과 오늘날 동료의 말이
너무도 유사합니다.

모순이라고 생각하지 않습니까?
어느 시절
어느 부대에서나
비슷한 생각과 말을 한다는 것이.

그들은 모두 개구리일까요?

아닙니다.
이해를 못 해서입니다.
십 년 전과 환경이 바뀌었다는 것을
십 년 전과 의식이 바뀌었다는 것을
사람마다 사물을 보는 관점과
중요시하는 가치관이 다르다는 것을

그래서 우리 부모님 세대에서 느꼈던 군대 생활이나
여러모로 훨씬 개선된 오늘날에 하는 군대 생활이나
별로 차이가 없는 것으로 여겨집니다.
각 개인에게 느껴지는 것은.

그래도 한 가지 하고 싶은 말은
개구리와 사람이 다른 점이 무엇인지
한 번쯤 생각해 보자는 것입니다.

둘
✎ 공군교육사 신병 교육 중

성인(聖人)의 조건(條件)

　누구나 성인이 될 가능성은 있다. 인간으로서 다 자라 어른이라고 인정받는 성인(成人)이 아니라 모든 인간이 우러러 숭배하는 세계 4대 성인(聖人) 같은 성인 말이다. 현재의 4대 성인은 공자, 부처, 예수, 무함마드 등이다. 소크라테스가 4대 성인 중 한 명이라고 논하는 자도 있지만, 그것은 어디까지나 유럽 사람의 처지에서 판단하고 평가한 것일 뿐 현존하는 사람들의 숭상 비율이나 영향력을 생각할 때 소크라테스가 4대 성인 중 한 명에 포함된다고 볼 수는 없을 것이다.
　성인은 어떻게 태어나고 어떻게 살았을까? 4대 성인이 살아서부터 모든 사람, 아니 많은 사람에게 절대적인 존재로 인정받고 추앙받은 것은 아니다. 그들이 성인으로 추앙받고 신격으로 회자된 것은 살아서 그들로부터 교육을 받거나 영향을 받은 사람이 그들의 말과 행적을 정리하고 전파하고 난 후다. 성인으로 되기까지의 시대 상황적 요구가 있었던 것도 공통된 배경이다.

　공자가 살았던 시대는 중국의 역사에서 극도로 혼돈의 시기였던 춘추전국시대의 춘추시대 말기로써 이제까지 지켜져 왔던 관습이나 예의범절, 전통이 무시되고 오직 약육강식(弱肉强食), 대자병소(大者倂小)가 난무하던 암흑기였고, 부처가 태어난 나라는 인도의 소국으로써 오늘날까지 존재하는 카스트제도가 절대 질서로 유지되어 서민이나 천민의 인권이 유린 되던 시대였으며, 예수가 태어나 활동하던 때는 당시 유일한 세계제국 로마의 지배 아래 유대인의 사상과 전통이 무시되고 핍박받던 폭압의 시대였다. 무함마드가 태어난 아라비아반도는 비잔틴제국과 페르시아제국의 전쟁으로 교역로가 막힌 상태에서 생존을 위한 부족 간 이전투구가 치열한 혼란기였다.

　그들이 살아서도 많은 교훈과 이론을 설파하였으며, 또 많은 기적을 몸소 증명하였으나 동시대 사람 절대다수를 설복하는 데 실패하였다. 그러나 그들의 사상과 철학은 사후에 빛을 발하여 현재 모든 사람이 보고 있는 바다. 현재를 살아가는 우리가 성인이 될 가능성은 한 가지 측면에서는 유리하고 한 가지 측면에서는 불리하며, 한 가지 측면에서는 대등한 것 같다.

유리한 한 가지는 성인들이 살던 시대는 인간의 평균수명이 50세 이하로써 적어도 우리가 그들보다 보고 느끼고 깨닫기 위한 시간과 말하고 행동하기 위한 시간이 배 이상 많다는 사실이다. 그러나 불리한 한 가지는 그 당시의 대중이 무지몽매하여 약간의 지식과 언변과 기적으로도 충분히 계도하고 이끌 수 있었으나, 현대인은 많은 역사와 지식과 정보를 다양한 경로로 흡수하여 쉽게 설득되거나 신념을 바꾸지 않으리라는 점이다. 나머지 대등한 한 가지는 정치, 경제, 사회, 문화와 사상과 철학적으로 대단히 무질서한 혼돈의 시대에 살고 있다는 점이다.

갈릴레이가 끝내 자신이 알던 진리에 대하여 동시대 다수에게 굽혀야 했던 것처럼 현재 우리가 아는 여러 사실도 진리가 아닐 수 있다. 세계화와 자유 민주주의가 인간에게 가장 적합한 제도이며 필연적으로 나아갈 방향인가? 우주와 인류의 탄생은 창조인가, 진화인가? 영혼은 생물에만 존재하는가, 무생물에는 존재하지 않는가? 그리고 영혼은 사멸하고 재창조되는가, 영원한가, 윤회하는가? 시간과 공간의 시작은 언제 어디부터이며 그 끝은 어디인가? 사람들이 많은 고뇌와 번민, 사색, 명상을 통하여, 또는 과학적인 실험을 통하여 많은 것을 알아내고 증명하였으나 자연계에서 증명하지 못한 것, 알 수 없는 것은 거의 무한하다. 거기에 성인의 가능성이 존재한다. 사람들이 고뇌하고 번민하는 현세나 사후 세계에 대하여 정리하고 증명해 낸다면, 그리고 그것을 적절히 설명하고 실천할 수 있다면, 그는 성인이 될 것이다.

인간은 존중받아 마땅하다. 다른 건 모두 차치하고라도 어떤 사람이든 그에게도 부모는 존재하였거나 할 테니까. 부모의 간절한 소망을 간직한 모든 사람은 그가 비록 장애가 있거나, 두뇌가 모자라거나, 외모가 흉하게 생겼거나, 설령 죄악을 행한 사람조차도 최소한의 존중을 받을 권리는 있다.

성인이 되는 첫째 조건은 주변 사람을 사랑하는 것이다. 그것도 어떤 목적이 있어서가 아니라 그냥, 순전히 생명에의 경외심으로 생명이 있는 모든 것을 사랑하는 것이다.

둘째는 진심으로 공감하며 함께 하는 것이다. 나로 인하여 그가 어떻게 변화하길 원하는 것보다 그가 모든 것을 결정하고 선택하는 것을 공감하며 지켜보는 것이다.

셋째는 할 수 있는 한 배려하고 도와주는 것이다. 그것이 법과 원칙에 벗어나지 않고, 보편적인 윤리나 도리에 어긋나지 않는 한.

넷째는 새로운 사실을 알려 주고 몸소 말과 행동으로 증명하는 것이다. 새로운 이론이 진리라는 것을 설득하는 것이다. 그리고 이 네 가지는 아무런 조건 없이 시행되어야만 한다. 만약 배경에 어떤 이익을 노린다거나, 미래 자신을 위한 투자라는 걸 알게 된다면 설득력은 반감되거나 오히려 역효과가 날 것이다.

성인이 되는 것은 어렵다. 살아가는 모든 생물을 사랑하는 것도, 성질이 모질고 인격적으로 덜 성숙한 상관을 이해하고 용서하고 포용하는 것도, 다른 가치관으로 사사건건 트집을 잡고 시비를 거는 동료와 함께 사는 것도, 도무지 자신의 기준을 따라오지 못하는 부하에게 윽박지르거나 분노하거나 욕을 하지 않는 것도, 나를 아는 모든 사람에게 좋은 말과 행동을 보여주는 것도, 세상의 새로운 진리를 깨달아 전파하고 실현하는 것도, 어느 것이 더 힘들다고 할 수 없을 정도로 모든 것이 다 어렵다. 그러나 이왕 태어났으니 언젠가 죽을 때까지 무언가를 추구하며 살아야 할 것이 아닌가?

지금 주어진 상황이 고달프고 힘들다 하여도, 시련과 역경이 그대를 무너뜨리고 좌절과 절망을 안겨주어도 이겨내야 한다. 시련은 나에게 용기와 새로운 깨달음을 주기 위해 존재하는 거니까. 시련을 주는 그도 깨달을 것이요, 시련을 받는 그대도 깨닫는 것이 있을 것이다. 깨달음은 고난의 시기에 온다. 그것으로 충분하지 아니한가?

나는 과거에 많은 사람에게 모진 고충을 선사하였다. 비록 그것이 조직과 국가 발전을 위해서였고, 그 사람을 사랑하는 마음에서 행하였다 하더라도 나는 그들에게 많은 좌절과 시련을 안겨 주었다. 때로는 무시하고 때로는 윽박질렀다. 그 어떤 이유가 존재하더라도 그래서는 안 되는 것을……

만약 필생의 라이벌이 존재한다면, 그대가 그를 용서하고 포용하지 못한다면 그대도 그 수준밖에 되지 못한다는 사실을 깨닫고, 모든 것을 다 이해하고 용서하라, 포용하라. 그리고 어떠한 과정으로든 무언가를 깨달았다면 반드시 실천하라. 만약 그대가 자아

실현에 관심이 있고, 이 세상에 아주 적으나마 아름다운 행적을 남기고 싶고, 성인이 되고자 하는 마음이 조금이라도 있다면, 성인의 행적을 좇아 실천해 간다면, 설령 성인이 되지는 못하더라도 군자(君子)나 호인(好人)은 가능할 것이다.

2003. 5.

성공이란

성공이란 살아남는 것이다. 누구에게나 닥치게 마련인 격랑을 뚫고 육체적인 고난과 사회적 냉대, 경제적인 궁핍과 정신적 핍박을 견디고 살아남는 것이다. 삶이란 근본적으로 소유가 아니라 존재에 의미가 있다. 어떤 의미로 왔다가 어떤 의미로 사라지는지 알 수 없는 모든 삶에는 단지 현재 우주의 한 영역을 차지하고, 전 우주에 아주 작으나마 영혼의 주파수를 전파하면서 존재하는 그 자체에 있다.

아무리 많은 것을 소유했어도 더 소유할 것이 있다면 진정으로 성공한 것이 아니다. 아무리 적게 가지고 있어도 더 소유하고자 하는 것이 없다면 이미 가진 것에 만족하고 행복할 것이기에 성공한 것이다. 사지가 멀쩡하고 잘생긴 연예인이나 최고의 권력을 누리던 정치인, 공무원이나 엄청난 부와 명예를 자랑하던 재벌마저 자살할 이유가 있다면 그들을 목표로 무언가를 더 이루고 소유하려고 노력하는 것은 무의미할 것이다.

　살아가면서 무엇을 하고 이루려 하는가? 행복을 위한 풍요란 의미를 물질적 풍요가 아닌 정신적 풍요에서 찾아야 하는 이유다. 부와 권력과 명예와 미모를 갖추었으면서도 불행하게 살다가 불행하게 죽어갈 것인가? 경제적으로 사회적으로 빈곤하여도 가진 것을 나누어주고 베풀면서 행복하게 살다가 행복하게 죽어갈 것인가?

　나눔을 실천하였으나 물질적으로는 빈곤했던, 모든 이의 추앙을 받는 성인의 삶은 과연 불행한 것이었는가? 아직 깨닫지 못하였다면 살아남아야 한다. 아무리 어려운 상황이라도 행복하기 위하여, 성공하기 위하여, 행복과 성공의 의미를 깨닫기 위하여.

2003. 6.

성공하려면

　주철환 교수님의 말씀에 의하면 성공하기 위해서는 세 개의 'ㄸ'과 여섯 개의 'ㄲ'이 있어야 한다고 합니다. 바로 '뜻, 땀, 때'와 '꿈, 꼴, 꾀, 끼, 깡, 끈'입니다. '뜻을 세워서 땀 흘려 노력하며 때를 기다려라!' 성공을 위한 대명제입니다.

뜻을 세운다는 것은 인생의 궁극적인 목적을 이루기 위해서 단계적인 목표를 세운다는 것이지요. 10대에는 육체의 건강한 발달과 더불어 좋은 대학을 가기 위한 것이 목표가 될 수 있을 것이고, 20대에는 튼튼하고 아름다운 이성을 만나 사랑을 나누고 좋은 직장을 구해 가정을 이루는 것이 목표가 될 것이며, 30대에는 두세 명의 자녀를 낳고 직장에서 상사에게 인정받아 승승장구하는 것이 목표가 될 수 있고, 40대에는 자녀들의 건강한 성장과 직장에서 중견 간부로서 상사와 동료 부하에게 능력을 인정받아 사랑받고 존경받는 것이 목표가 될 것이며, 50대에는 자녀들이 좋은 대학을 나와 사회에 안착하고 자신은 직장에서 최고직위에 이르는 것이 목표일 수 있고, 60대 이후에는 배우자와 함께 건강한 노년을 보내며 살아서 하고 싶은 일들을 한 가지씩 해나가는 것이 대부분 추구하는 목표일 것입니다. 그러한 모든 것을 자신의 주어진 처지에 맞게 단계적 목표를 설정하는 것이 바로 뜻을 세우는 것입니다.

훌륭한 뜻을 세웠다 하더라도 강력한 의지와 열정을 바탕으로 부단히 노력하지 않는다면 사상누각에 불과하겠지요. 해야 할 일은 많습니다. 건강을 위하여 운동하고, 지식을 쌓기 위해 공부하고, 마음의 양식을 위해 독서 하고, 안정적이고 아름다운 삶과 훌륭한 2세를 얻기 위하여 이상적인 배우자를 만나기 위해 노력하고, 이상적인 배우자를 가족으로 만들기 위하여 노력해야 합니다. 그 와중에 좋은 직장도 잡아야 하지요.

그런 것들을 다 어떻게 하느냐고요? 그래도 어떻게 합니까? 우리에게 주어진 삶의 형태가 그러한 것을, 그래서 쉬지 않고 땀 흘려 노력해야 합니다. 물론 너무 힘들 때는 잠시 쉬면서 지난날을 뒤돌아보며 목표는 제대로 설정되었는지, 그 목표를 향하여 가는 방향이 맞는지, 고민하고 반성하는 시간이 필요하지만, 그래도 기왕에 목표를 세웠다면 다소의 무리가 따르더라도 강력하게 지속해서 실천해 나가야 할 것입니다. 땀 흘려 노력하는 것이지요.

마지막 쌍디귿으로 '때'가 중요한데, 인간에게 있어 비애가 있다면 바로 이 때문입니다. 뜻을 세워서 아무리 땀 흘려 노력해도 때가 이르지 않으면 완전한 꿈을 이룰 수 없다는 사실입니다. 그럴 때는 아쉽지만, 포기해야 합니다. 아니 포기라기보다는 다른 사람에게 또는 후손에게 양보해야 하지요. 때가 이르지 않았는데 무리하게 자신의 인생의 궁극적인 꿈, 즉 목적을 이루고자 한다면, 목적을 달성하는 것이 쉽지도 않으려니와 역사에 오명을 남기게 되지요. 사람이 죽어서 이름을 남겨야 한다고 하지만 그것이 명예로운 이름이지 오명이어서야 되겠습니까?

역사적으로 정권을 잡기 위해 쿠데타나 혁명을 일으킨 사람은 성공 여부를 떠나 많은 비난을 받게 됩니다. 그래서 훌륭한 뜻을 세워 지칠 줄 모르는 열정과 의지로 땀 흘려 노력했다 하더라도 때가 이르지 않으면 그 뜻을 물려주어야 합니다. 적절한 때에 더 훌륭한 후배가 이룰 수 있도록.

2003. 6.

꿈

꿈이 있습니까? 물론 있겠지요. 아니 혹 없는 사람도 있을지 모르겠습니다. 사람에게는 꿈이 있어야 합니다. 왜냐하면, 꿈이 있어야 행복하기 때문이지요. 월드컵 첫 승, 16강 진출, 그런 꿈이 있을 때가 있었습니다. 2002년 이전 축구를 사랑하던 대한민국 국민의 소박한 꿈이었지요.

황선홍의 첫 골, 그리고 유상철의 쐐기 골, 안정환의 골든골, 기억나시나요? 온 국민이 붉은 옷을 입고 경기장에서, 역전에서, 거리에서, 사무실에서, 음식점에서, 거실에서, TV가 있는 곳이면 어디에서나 '대 ~ 한민국! 오, 필승 코리아~' 펄쩍펄쩍 뛰고, 환호하고, 부둥켜안고, 하이파이브하며 목이 터지도록 외치고, 감동의 눈물을 흘리던 모습을, 마침내 꿈을 이루던 감격스러운 모습이었습니다.

꿈을 이루어서 행복하기도 하였지만 나 이외의 다른 모든 사람의 생각을 알게 되어서 더 기뻤던 걸까요? 각자 자신만을 위하여 사는 것으로 생각했는데 표현은 하지 않았으나 거의 모두가 조국이나 민족과 공동운명체라는 마음을 가지고 있다는 사실을, 같은 꿈을 꾸었다는 사실을 알 수 있어 행복하였습니다. 축구에 있어 이제 다른 꿈이 있기에 아직도 사람들은 축구를 좋아하고 환호합니다.

그렇습니다. 사람에게는 꿈이 있어야 합니다. 꿈이 있는 사람은 행복할 수 있습니다. 힘드시죠? 예, 힘들 겁니다. 살아가는 모든 사람이 비슷한 감정과 생각을 하지요. 일하기도 공부하기도 경쟁하기도 힘듭니다. 편하게 놀고먹고 싶은 마음이 간절합니다. 편하게 놀고먹는 사람들이 있습니다. 1997년 IMF 이후 특히 많이 생겼습니다만, 노숙자지요. 그들은 별로 하는 일 없이 얻어먹습니다. 그들이 행복할까요? 그들이 비록 육체적으로 다소 편할 수는 있으나 행복하지는 않을 겁니다. 꿈이 없으니까요.

꿈이 있어야 행복하지만 우리는 꿈을 제대로 가져야 합니다. 목표가 아니라 목적을 꿈으로 가져야 하지요. 이를테면 대통령, 장관, 장군, 의사, 판사, 검사, 사장을 꿈으로 가져서는 안 됩니다. 대통령을 꿈으로 가지면 어떤 일이 벌어질까요. 국민의 10%나 20%가 대통령을 할 수 있다면 몰라도 대부분은 지속해서 경쟁하다 언젠가는 포기해야 할 상황이 오게 마련이며, 포기한다는 사실은 곧 꿈을 잃는다는 것이지요. 꿈이 없으니까 그 이후로는 불행할 테고……. 또 엄청난 경쟁을 뚫고 대통령이 되더라도 결코 명예로운 이름을 남기기는 어려울 것입니다. 대통령 자체가 꿈인 사람은 대통령이 되는 순간 꿈은 사라지니까요. 호의호식하다가 임기를 마치겠지요.

그래서 꿈은 궁극적인 목적으로 가져야 한다는 것입니다. 이를테면 대통령이 되어서 대한민국의 영광과 민족중흥의 기틀을 만들겠다. 장관이 되어서 빈부 격차나 교육문제를 해소하겠다. 장군이 되어서 군 내 비리 일소나 국가 안보를 위한 초석이 되겠다. 의사가 되어서 암이나 에이즈로 사람들이 죽어가는 것을 막겠다. 판사가 되어서 엄정한 판단으로 공정하고 투명한 사회조성에 공헌하겠다. 검사가 되어서 부정하고 불의한 사람들을 일소하여 정의사회 구현에 앞장서겠다. 변호사가 되어서 법을 몰라 억울하게 피해를 보지 않도록 하겠다. 사장이 되어 돈을 많이 벌어 가난한 이웃을 위해 봉사하겠다. 뭐 이런 꿈을 가져야 하지요.

대통령이나 장관은 꿈을 이루기 위한 수단으로서의 목표는 될 수 있으나 궁극적인 목적이 되어서는 안 됩니다. 대통령이 되지 않아도 대한민국의 영광에 공헌할 수 있는 길은 많으며, 민족중흥을 위한 일은 많습니다. 장관이 되지 않아도 빈부 격차 해소를 위하여 노력할 수 있고, 교육문제 해결에 도움이 될 방법은 많지요. 왜 직책이나 직급을 꿈으로 가지면 안 되며 목적을 꿈으로 가져야 하는지 아시겠지요?

그렇습니다. 목적을 꿈으로 갖는 한 살아가는 동안 꿈을 포기할 필요가 없습니다. 꿈을 반드시 갖되 우주와 지구와 인류에게 조금이라도 도움이 되며 중간에 포기할 필요가 없는 인생의 궁극적인 목적이 되는 아름다운 꿈을 꾸기 바랍니다.

2003. 6.

꼴

꼴이 무엇입니까? 한국어로 모양, 생김새 등을 나타내는 말이지요. 꼴을 제대로 갖추어야 합니다. 꼴에는 겉으로 보이는 외모와 보이지 않는 정신이 있습니다. 외모야 한국인 부모의 유전자를 이어받아서 색깔이 누렇고, 백인이나 흑인에 비교하여 덩치가 작고, 이목구비가 덜 뚜렷하고, 뭐 그렇습니다. 요즈음엔 성형수술이 유행이라서 외모까지도 쉽게 바꿀 수 있다지만 돈 들여서 외모까지 바꿀 필요는 없을 것 같습니다. 우주에서 창조된 그대로의 모습, 자신의 정체성에 대하여 나름대로 자부하려면 처음 그대로의 모습도 괜찮습니다.

조상으로부터 물려받은 외모를 완전히 바꿀 수는 없지만, 우리가 다른 사람에게 혐오감을 주거나 불쾌감을 주지 않도록 노력할 수는 있습니다. 아침에 일어나면 세수하고, 면도하고, 자주 목욕하고, 옷을 자주 빨고 다려 입어 단정한 모습을 보여 줄 수는 있습니다. 연예인처럼 예쁘고 아름답게 보이기는 쉽지 않겠지만 충분히 친근감을 줄 수는 있지요.

하지만 외모보다 더 중요한 것이 정신의 꼴입니다. 우주의 기를 머금고 태어나는 모든 생명에는 모두 특성이 있습니다. 비슷하게 보이는 사람은 있을 수 있어도 같은 사람은 있을 수가 없지요. 모두가 독특한 성격이나 재능을 타고나게 마련입니다. 착한 사람, 악한 사람, 순한 사람, 모진 사람, 똑똑한 사람, 미련한 사람, 예민한 사람, 둔감한 사람 등 저마다 다르게 태어나지만 모진 세파를 경험하며 주변 사람들과 화합하고 조화를 이루며 살아가는 능력을 배우게 됩니다. 이른바 성인(成人)이 되는 것이지요. 하지만 성인이라고 해서 모두 같은 것이 아닙니다. 물건에 품질이 있듯이 사람에게도 격이 있습니다. 받은 것만큼도 돌려주지 않는 부족한 사람, 받은 것만큼만 돌려주는 보통 사람, 받은 것보다 더 많은 것을 베푸는 훌륭한 사람, 받은 것과 관계없이 모든 사람에게 사랑을 펼치며 아무리 악한 사람이나 모자란 사람도 가르치며 포용하는 성인(聖人)이 있습니다.

우리가 살아가면서 무엇을 어떻게 배우고 실천하느냐에 따라서 인격이 결정됩니다. 많은 것을 경험이나 독서를 통해서 배우는 것도 중요하고 깨달은 바를 실천하는 것도 중요합니다. 환경을 탓해서는 안 됩니다. 아무리 나쁜 사람, 독한 사람, 멍청한 사람에게도 배울 것은 있습니다. 최소한 나쁜 사람이나 독한 사람, 멍청한 사람이 되지 않는 방법은 배울 수 있습니다. 우리는 살아가면서 접하는 모든 순간 모든 상황 모든 사람에게서 보고 듣고 느끼고 깨달아야 합니다. 사물이나 상황을 무심코 넘기지 말고 사색과 명상으로 옳고 그른 것과 해야 할 것과 하지 말아야 할 것을 구분해 내야 하지요. 그렇게 죽을 때까지 매 순간 배우고 익혀 간다면 아마도 죽기 전에 성인(聖人)에 이르지는 못하더라도 훌륭한 인격자를 뜻하는 군자(君子)에는 이를 수 있을 것입니다.

사람에게 제대로 된 꼴이 있어야 하듯이 하는 일이 보통 사람과 다른 군인에게도 군인의 꼴이 있어야 합니다. 어떤 사람이 제대로 된 군인의 꼴을 갖춘 사람일까요? 우리가 초등학교 때 한글을 익히고 나서 제일 먼저 한 일이 있습니다. 바로 국군 아저씨께 쓴 위문편지지요. 그때 어떤 생각을 하며, 어떤 군인을 연상하였는지요. 알 수는 없으나 그때 연상했던 군인의 모습이 이상적인 군인의 꼴일 것입니다. 아마도 나약하고 겁이 많고 지저분한 군인을 연상하지는 않았겠지요? 투철한 충성심, 진정한 용기, 필승의 신념, 임전무퇴의 기상이 충일한 군인정신으로 무장하고, 늠름하고 씩씩하고 박력 있는 태도와 튼튼하고 강한 체격을 가진 멋진 사나이의 모습을 그렸을 것입니다.

이제 자신을 돌아봐야 합니다. 어렸을 때 자신이 연상했던 군인의 모습이 되었는가를, 만약에 부족한 부분이 있다고 생각된다면 가꾸어 가야 하지요. 독서와 명상으로 정신을 가다듬고, 발성훈련으로 목청을 키우고, 팔굽혀펴기와 구보로 체력을 키워야 합니다. 그리고 당당하게 걸어가는 것이지요. 국군의 날 아나운서의 멘트처럼 두 눈을 부릅뜨고, 가끔은 하늘도 바라보면서, 가슴을 활짝 펴고, 두 손을 힘차게 흔들면서, 보무도 당당하게 걸어가는 것입니다.

'세상에 나보다 센 놈은 없다!', '세상의 그 누구도 나를 이길 수는 없다!'라는 강한 자신감으로 당당하게 거침없이 걷다 보면 어느새 변모한 자신을 발견할 것입니다. 가장 남자답고, 사내다우며, 군인다운 자기 자신의 모습을.

2003. 6.

꾀

꾀란 '일을 교묘하게 잘 성사시키는 생각이나 수단'입니다. 살아가는데 필요한 지식, 삶의 지혜라고 표현해야 할까요? 지식을 얻으려면 공부를 해야 하지요. 공부를 좋아하는 사람은 거의 없지만 누구나 해야 합니다. 경쟁에서 이겨서 살아남으려면 온갖 지식이 필요합니다. 지식의 양은 문화가 발달하면서 점점 기하급수적으로 증가합니다. 그래서 일제강점기에는 초등학교만 졸업해도, 해방 후에는 중학교만 졸업해도, 70년대에는 고등학교만 졸업해도, 80년대에는 대학교만 졸업해도 어깨에 힘 좀 줬습니다.

지금은, 어림없지요? 30대, 심지어는 40대까지도 공부만 하는 사람이 있습니다. 인생의 대부분을 공부만 하는 이건 좀 아닌 것 같습니다. 하여튼 현대는 태어나면서 죽을 때까지 끊임없이 배우고 익히고 깨달아야 하며 때와 장소와 사람과 상황이 따로 없습니다. 매 순간, 매 장소, 만나는 모든 사람, 접하는 모든 상황을 잘

분석해서 좋은 점과 나쁜 점, 옳은 일과 그른 일을 구분하여 배우고 익히고 깨닫고 실천해야 합니다. 그뿐만 아니라 직접 접하지 않은 때와 장소와 사람에게서도 배워야 하지요. 책이라는 매개체를 통해서.

아는 것이 힘이라고 했습니다. 공자는 세 사람이 길을 가면 그중 한 명은 스승이라고 했지요. 세 사람 모두 스승입니다. 잘하는 사람으로부터는 잘하는 방법을 배우고, 못 하는 사람으로부터는 못하게 된 원인을 배우고, 보통 사람으로부터는 보통 사람으로 살아가는 요령과 보통 사람으로 분류된 이유를 배울 수 있습니다. 자신이 살아온 환경을 원망할 필요는 없습니다. 자신의 처지를 비관하거나 슬퍼할 필요도 없습니다. 어디에도 진리는 있게 마련이며 배우고 깨닫고 실천하기에 따라서 결과는 얼마든지 달라질 수 있습니다. 허약한 몸 때문에 시작한 수영으로 세계 챔피언이 된 박태환이나, 가난했기 때문에 돈의 소중함을 일찍 깨닫고 못 배웠기 때문에 모든 사람에게 배우려고 노력해서 큰 성취를 이룬 마쓰시타 사장이나, 불구의 몸으로 전 세계를 돌며 성공 강의를 하는 닉 부이치치를 보면 자신에게 주어진 환경이나 처지가 인생을 좌우하는 것이 아니라 본인의 성공에의 열망이나 배움에의 의지, 그리고 아무리 작은 것이라도 깨닫는 순간 실천하는 추진력에 있다는 것을 알 수 있을 것입니다.

사람이 상상할 수 있는 것 중 이루지 못한 것은 거의 없습니다. 사람들이 꿈꾸는 것은 비록 자신이 아닐지라도 누군가는 이룰 수 있다는 것은 인간의 능력에 한계가 없다는 것을 증명합니다. 끊임없이 꿈꾸고 탐구하고 익히고 실천하면서 자기 자신에 대하여 긍정하고, 자신의 능력을 굳게 믿으며, 다른 누구에게도 뒤처지지도 약하지도 않다고 하는 자긍심을 가지고, 세상을 향하여 움츠리지 않고, 당당하게 목표를 향하여 걸어간다면 멀게만 보이는 성공으로 향하는 길에 도달할 것입니다. 힘이 있는 사람은 달리십시오, 질풍처럼, 적토마같이. 힘든 사람은 걸어가십시오, 뚜벅뚜벅, 황소같이. 불편한 사람은 기어서라도 가십시오, 느릿느릿, 거북이같이. 성공을 위하여, 목표를 향하여, 목적을 향하여. 현재 속도가 떨어지더라도 목표에는 도달할 수 있습니다. 포기하지 않고 멈추지 않는 한.

2003. 7.

끼

끼가 무엇일까요? 사전에는 '연예에 대한 타고난 재능'이라고 설명하고 있더군요. 사람들은 통상 보통 사람과 다른 특별한 재능이 있는 사람을 끼가 있는 사람이라고 말합니다. 틀린 말은 아닙니다. 하지만 '주철환' 이화여대 교수님은 이렇게 정의하더군요. '끼란 하고 싶은 일은 목숨 걸고 하는 것'이라고요. 듣고 보니 과연 그럴듯하다고 생각되었습니다.

아무리 하고 싶은 일이라지만 목숨까지 걸 필요가 있을까요? 의문이 되지요? 그렇지만 하고 싶은 일을 목표로 정하고, 목표를 정했으면 중단 없는 전진이 필요하다는, 할 수 있는 한 최선을 다 해야 한다는 말로 이해하면 되겠습니다. 끼로 성공한 몇 사람의 예를 들어보겠습니다.

현재 지구상에서 가장 부유한 사람이 누구인지 아시지요? 그렇습니다. 최근 5년인지 10년 전부터인지는 잘 모르겠지만 최고 부자는 바로 빌 게이츠입니다. 빌 게이츠는 하버드 대학을 다니다가 소프트웨어 방면으로 관심이 많아서 학업을 포기하고 산업전선에 뛰어든 사람입니다. 세계 일류대학 하버드 대학을 나오면 먹고사는 데는 지장이 없겠지요? 수많은 선배, 동료, 후배가 밀고 당겨줄 테니까. 그런 안전한 삶이 보장되었지만 빌 게이츠는 사람들의 만류를 뿌리치고 학업을 그만두었습니다. 왜냐고요? 하고 싶은 일이 있었으니까요.

서태지란 사람이 있습니다. 무식한 사람이지요. 그렇지요? 예, 그렇습니다. 학력이 중졸인가 하니까 무식한 편에 들어가겠지요. 현재 군에 복무하고 있는 사람들은 모두 고졸 이상이니까, 상당히 유식한 사람들의 모임에 속합니다. 하지만, 저나 장교, 부사관, 군무원이 서태지보다 성공했다고 장담할 수 있습니까? 조금 무리가 있지요? 성공이라는 것도 개인마다 정의가 다르기에 반드시 그렇다고는 할 수 없겠지만, 생각해 보십시오. 자녀가 중학교나 고등학교 다니다가 가수로 성공하기 위해서 학업을 그만둔 다면 어떻게 하겠습니까? 상당히 많이 혼나겠지요. 많이 터지고, 반성하고, 훈계를 듣겠지요. 하고 싶은 일은 대학 졸업 후에 해도 늦지 않는다고…….

과연 그럴까요? 그렇지 않다는 것을 현재의 젊은 연예인을 보면 알 수 있습니다. 한류로 세계를 주름잡는 아이돌 그룹은 어려서부터 부모가 가능성을 인정하고 적극적으로 후원하여 오늘의 인기와 부를 누릴 수 있었습니다. 하지만 서태지는 아니었습니다. 그때는 지금으로부터 30년 전이었으니까 충분히 이해가 되는 일입니다. 하긴 그 이전에는 뼈대가 있는 집안에서는 연예인은 사람 축에도 끼워 주지도 않았습니다. 광대라고……. 하지만 음악에 대한 서태지의 끼와 열정은 주변의 모든 사람과 부모님의 생각까지 바꾸는 것에도 모자람이 없었습니다. 그래서 성공한 것입니다. 끼와 용기로.

역사 속 한국 사람 중에서는 안중근 의사가 끼가 많았던 것 같습니다. 그가 누구인지 직접 보도들도 못했지만, 그가 하고 싶었던 일은 미루어 짐작됩니다. 그의 행적을 추적하다 보면. 그의 꿈은 조국의 광복이었습니다. 꿈이 있어 비록 세월은 지난 하였으나 간간이 행복할 수 있었겠지요. 그는 조국 대한민국의 독립을 위해 할 일이 있었습니다. 그건 바로 이제는 세계 모든 나라가 일본이라고 인정하는 조선이, 대한민국이 아직 죽지 않았다는 것을 세계 만방에 알리고 싶었습니다. 그래서 알렸지요, 하얼빈역에서 당시의 일본 총리 이토 히로부미를 살해함으로써. 하고 싶은 일을 위하여 목숨을 건 것이 아니라 당연히 죽을 줄 알았지만 그래도 너무나 하고 싶었기에 해 버렸습니다. 살고 싶지 않아서 자살한 것이 아니었습니다. 그에게도 누구보다도 자신을 사랑하는 어머니가 있었고, 사랑하는 처와 자식이 있었습니다. 하지만 그 무엇보다도, 모든 것을 희생해서라도 하고 싶은 일이 있었던 것입니다. 그 안중근의 엄청난 끼가 느껴지지 않습니까? 어려서는 누구나 의사처럼 할 수 있고, 해야 한다고 생각하면서 자랐습니다. 하지만 지금 생각해 보니 그 일은 아무나 할 수 있는 일이 아니었습니다. 제가 그분을 존경하고 좋아하는 이유입니다.

　제가 지금까지 살면서 유대인을 좋아한 적은 한 번도 없었습니다. 머리가 좋다고도 하고, 경제력이 뛰어나다고도 하고, 역사 발전에 이바지하였다고도 하지만, 그런 것들을 다 인정하여도 좋아하지는 않습니다. 순전히 개인적인 견해입니다. 하지만 좋고 싫은 것과는 별개로 배울 점이 있으면 배워야 한다고 생각합니다. 대한민국의 부모처럼 자식을 사랑하는 사람은 아마 세상에서도 없다고 생각합니다. 제가 아는 어떤 부모도 자신보다는 항상 자식을 먼저 생각하고 걱정합니다. 본인은 먹고 입지도 못하면서도 자식만은 대학을 보내려고 갖은 노력을 다하지요. 그리고 강요를 합니다, 공부 잘하라고. 본인은 가난해서 하고 싶은 학업을 할 수 없었지만, 자식만큼은 무슨 수를 쓰더라도 원하는 만큼 가르칠 테니 열심히 공부하라고. 그러면서 꼭 말하지요. 옆집의 홍길동이는 얼마만큼 잘하는데 너는 도대체 어떻게 된 일이냐고. 저도 대한민국의 모든 부모가 자식을 얼마만큼 많이 사랑하는지, 그분들의 생각이 어떤 것인지 이해도 되고 공감도 합니다. 하지만 사랑을 많이 한다고 해서 자식이 훌륭하게 성장하는 것은 아니지요. 방법을 잘 연구해야 합니다. 요즈음 돈 때문에 부모를 살해했다는 뉴스를 심심찮게 듣습니다. 과연 그 부모의 사랑이 적어서일까요?

유대인은 자식을 가르칠 때 누구보다 못하니까 그 부분을 보완하라고 가르치지 않는답니다. 저도 글로 읽었지만, 상당히 바람직한 교육 방법이 아닌가 생각합니다. 예를 들어 옆집 아이보다 수학이 떨어지니 수학 과외를 하라는 것이 아니라 옆집 아이보다 국어를 잘하니 국어를 더 열심히 하라고 가르친다는 것이지요. 이때 효과는 여러 가지입니다. 자신 있고 잘하는 부분을 더 열심히 하라고 하니 아이는 신이 나서 더욱 열심히 할 수가 있고요. 잘하는 부분을 더욱 열심히 하니 결과적으로 관심 있는 분야의 전문가가 될 수밖에 없지요. 현대는 전문가의 시대라고 합니다. 한 사람이 여러 분야를 섭렵하는 다재다능한 사람의 시대는 갔습니다. 자식을 어떻게 가르쳐야 할지 방법이 나오지 않습니까? 비록 과거 우리의 부모는 우리에게 주변 사람에 비교하여 모든 분야에서 경쟁 우위에 설 수 있도록 가르쳤지만, 상황이 바뀐 오늘날에는 하고 싶은 일, 타고난 재능을 더욱 잘할 수 있도록 가르쳐야 하지 않나 생각합니다.

끼 있는 사나이 조치훈이 한 말이 생각납니다. 다섯 살에 일본에 건너가 한국인이지만 한국어를 모르는 일본기원 소속 기사, 그가 교통사고를 당해 당시 일본 최고의 프로바둑기사였던 고바야시 고이치와 휠체어 대국을 하면서 한 말입니다. '나는 바둑을 목숨 걸고 둔다.' 바둑에 지면 자살을 하겠다는 것이 아니고 그만큼 절박하게, 처절하게 고민하고, 탐구한다는 뜻이겠지요. 진정한 프로의 목소리가 아닌가 생각이 됩니다. 우리도 프로입니다. 군인인 만큼 전쟁이나 전투의 달인이 되어야 하지요. 과연 자신에게 주어지는 임무를 완벽하게 수행할 수 있는 능력을 구비 하였는지 되돌아봐야 합니다. 프로는 아름답다! 왜? 언제나, 어디서나, 어떤 상황에서도 최선을 다하니까. 아름다운 군인으로 기억되는 사람이 되기를 바랍니다.

2003. 7

깡

깡 아시지요? 예, 여러분 모두 잘 아는 깡다구 말입니다. 사전에서는 '터무니없는 배짱이나 악착같은 오기'라고 정의하였더군요. 이렇게 정의하기도 합니다. '목에 칼이 들어와도 하지 않는다.' 말하자면 버티기지요. 죽을 각오를 하고. 끼가 '하고 싶은 일은 목숨 걸고 한다.'라면 깡은 '하고 싶지 않은 일은 목에 칼이 들어와도 하지 않는다.'입니다.

이미 경험하였고 대부분 깨달은 사실이지만 세상 사는 것이 너무 힘듭니다. 배우고 익히고 실천하기가, 경쟁에서 이기는 것이. 그리고 사람들은 강자에는 굽히면서 약자에게는 군림하려 듭니다. 약자는 너무나 많은 강자 때문에 편히 살 수가 없습니다. 그래서 필요한 겁니다, 깡이라는 것이. 비록 약자지만 강자도 함부로 할 수 없는 그 무엇이 있어야 하지요, 특히 사나이에게는. 최악의 순간에는 비록 힘들어도 자신의 한 몸으로 가족 모두를 지켜내야 하는 것이 사나이의 숙명 아닙니까?

보통 사람에게도 필요한 것이 깡이지만 천하를 주름잡거나 호령하던 영웅호걸이나 위인에게는 반드시 있었던 것이 바로 깡입니다. 역사에서 깡다구가 셌던 사람들을 찾아보면…….

여러분, 삼국지 아시지요? 저는 개인적으로 삼국지를 30회 이상 읽었고, 어려서는 삼국지에서 저의 꿈을 찾았습니다. 여러 종류의 영웅호걸과 모사, 충신과 간신, 경국지색이 저마다 자신의 꿈을 이루고 성공하기 위해서 기량을 겨루는 삼국지는 비록 우리의 역사는 아니나 저에게는 많은 감동을 주었습니다. 그중에서도 가장 매력적인 인물은 관운장, 즉 관우였습니다. 유비보다 나이가 많았지만 의를 앞세워 한 번 형으로 모신 이후에 단 한 번도 배신하지 않지요. 생긴 것도 멋있습니다. 청룡언월도를 들고 삼각수를 휘날리는 모습은 절이나 무당집에 가면 항상 걸려 있는 모습이지요. 재능이 탐탁지 않은 유비를 주인으로 삼아 결국 한실 부흥의 꿈을 이루지는 못하지만, 그의 강렬했던 생애는 모든 사람에게 인간으로 범접하지 못할 위엄이 있지요. 그래서 죽은 후에는 관왕(關王)으로 추앙받다가 관성대제(關聖大帝)로, 말하자면 황제로까지 추앙받게 됩니다. 지금도 조폭들은 관운장의 초상 앞에서 의리를 맹세한다지요. 그가 죽게 된 동기는 오나라의 왕 손권이 자기 아들과 관운장 딸의 결혼을 주선하는 것도 한 이유가 되었는데요. 이때 그가 한 말이 걸작입니다.

"어찌 호랑이의 딸을 개의 자식에게 주겠는가?"

상대는 왕이고 자신은 일개 장군밖에 안 되는데 말입니다. 결국, 오나라 장수 여몽의 꾀로 사로잡힌 관운장은 오나라 왕 손권에게 최후의 회유를 받습니다. 살려줄 터이니 항복하라고, 같이 일하자고, 이때 큰소리치고 죽습니다.

"네가 감히 나를 능멸하는가!"

정말 관우는 누구에게 지기도 싫고 항복하기도 싫었습니다. 하고 싶지 않은 일은 목에 칼이 들어와도 하지 않았습니다. 결국, 칼 맞았습니다. 자부심과 더불어 깡다구 하나는 남부러울 게 없던 사람이었습니다.

우리 역사에도 있지요. 고려가 망해 가던 시기에 학자로서 명성을 떨치던 정몽주가 그 사람입니다. 이때도 야심가 이성계의 아들로 못지않은 야망을 숨긴 이방원의 설득을 받습니다.

이런들 어떠하고 저런들 어떠하리
만수산 드렁칡이 얽어진들 어떠하리
우리도 이같이 얽어져 백 년까지 누리리라
〈하여가〉 이방원

이 몸이 죽고 죽어 일백 번 고쳐 죽어
백골이 진 토 되어 넋이라도 있고 없고
임 향한 일편단심이야 가실 줄이 있으랴
〈단심가〉 정몽주

이방원 : 우리 잘살아봅시다.
정몽주 : 싫어!
이방원 : 그러면 너 죽어!
정몽주 : 죽어도 싫어!

그래서 결국 죽습니다. 선죽교에서 조영규에게 철퇴 맞고. 이때 정몽주가 말을 거꾸로 타고 가고 있었다지요. 누군가 암살계획을 알려주고 달아나라니까, 달아나면 어디로 달아나느냐면서, 죽을 때가 되었으면 죽어야 한다면서, 목에 칼은 아니었으나 철퇴가 떨어져도 하고 싶지 않은 일은 하지 않는 사람이었습니다, 정몽주는.

또 있습니다. 성삼문 외 5명이 그들이지요. 세종대왕으로부터

두터운 은혜를 입고 단종에게 충성을 맹세한 집현전 학자들은 세조가 왕위를 찬탈하자 단종 복위를 시도하였습니다. 사전에 발각되어 결국 체포된 그들은 비록 조카의 자리를 빼앗았으나 인재를 보는 눈이 있는 세조의 회유를 끝내 물리치고 형장의 이슬로 사라집니다. 정말 하고 싶지 않은 일은 목에 칼이 들어와도 하지 않은 깡이 센 사람들이었습니다. 우리가 사육신이라고 말하는 사람들이지요. 이에 반하여 세종대왕에게 가장 사랑받던 신하 중 한 명인 신숙주는 변절하고 세조에게 충성을 바칩니다. 그가 당시 백성을 위하여 한 업적은 많습니다. 일찍 죽은 사육신보다 오래 살면서 많은 사람에게 혜택을 준 신숙주는 칭찬을 많이 받지요. 실제로 그런가요? 어림없는 이야기지요? 왜냐고요? 그에게는 깡이 없었기 때문입니다. 처음부터 세조를 위한 충성을 하였으면 오히려 욕을 덜 먹었을 터인데, 세조를 위해서 일하기는 싫은데 살고 싶어서 일하였지요.

하고 싶지 않은 일은 목에 칼이 들어와도 하지 않는다는 것이 깡이고 사나이라지만 항상 그렇게 해야 하는 것은 아닙니다. 하나밖에 없는 것이 목숨인데 하기 싫다고 죽다가는 살아남을 사람이 한 명도 없을 것입니다. 작은 이익이나 자존심 때문에 목숨을 버릴 수는 없습니다. 대의를 위해서, 국가를 위해서, 가족이나 연인을 위해서 내가 목숨을 버려야 할 당위성이 있을 때, 그때 결심해야 한다는 것입니다.

젊어서는 목숨을 조금 가볍게 생각할 수도 있습니다. 하지만 목숨보다 중요한 것은 없습니다. 지금 그 일이 가장 중요하다고 생각되어도 시간이 지나고 생각하면 그렇지 않은 것도 많지요. 그래서 적어도 40대나 50대, 아니 그 이후에 적당한 위치에서, 모두가 그렇게 해야 한다고 하는 확실하고 타당한 이유가 있을 때, 그때 결심해야 합니다. 젊어서 죽는 것은 결코 영웅이 아닙니다. 살아서 해야 할 일이 많은데 어렵다고 회피하는 것밖에 되지 않지요. 힘들어도 도전하고 극복하는 것이 진정한 깡입니다. 사나이고요. 사나이들만의 모임인 전우 여러분은 모두가 깡이 있고 늠름하며 멋지게 세상을 정복해 갈 것으로 믿습니다.

2003. 8.

끈

마지막으로 끈입니다. 끈이 무엇인지는 잘 아시지요? 줄다리기할 때 쓰는 그런 줄이지요. 군대는 줄을 잘 서야 한다는 말도 있지만, 하여튼 끈도 중요합니다. 여기서 말하는 끈은 물리적인 형태의 것을 말하는 것이 아니라 인간 사이에 작용하는 힘이나 관계 등을 말합니다.

사람들이 처음 만나면 묻는 것이 그런 것들이지요. 성이 무어냐? 본관은 어디냐? 고향은 어디냐? 학교는 어디를 다녔느냐? 대충 이해하겠지요. 사람들이 잘 따지는 것들, 바로 혈연 지연 학연이지요. 여러분은 혈연 지연 학연을 어떻게 생각하십니까? 한국 사회의 병폐를 이야기할 때 늘 빠지지 않고 등장하는 단골 메뉴들, 이것들에 대하여 어떻게 생각하십니까? 좋지 않지요? 끼리끼리 놀면서 서로 싸우고 헐뜯고 모함하고 따돌리는 아주 좋지 않은 관습이라고요. 그렇지 않습니다.

혈연이 무엇입니까? 부모와 나, 형제와 나, 나와 자식 간에 연결되어있는 끈, 그것이 혈연입니다. 잘 발전시키고 유지해야 할망정 절대 끊거나 단절해서는 안 될 인간관계지요. 그걸 잘 유지하지 못하는 사람에게 하는 말 있지 않습니까? 후레자식, 불효자식, 망나니, 인면수심, 배은망덕한 놈, 싸가지없는 놈 등등.

지연은 또 무엇입니까? 마음의 고향이 그 배에서 나왔기에 언제나 그리운 것이 어머니인 것처럼 그 땅에서 나왔기에 언제나 보고픈 곳, 내가 처음 태어나 자라던 곳, 바로 고향입니다. 인간의 일생에서 가장 안전하고 편안한 시기가 어머니의 배 속에 있던 열 달간이라고 합니다. 배 속에 있는 아이의 입맛에 따라 어머니의 입맛까지 바뀌어 평소에는 못 먹던 것까지 거침없이 먹는(사실은 아기가 먹는 것이라고 합니다) 어머니의 헌신적인 보살핌으로 안락하게 지낼 수 있는 거지요. 그래서 어머니를 보면 마음이 편해지고, 어머니 생각만 해도 괜스레 가슴이 두근거리지요. 마음의 고향이니까요.

처음 태어나 접한 고향도 마찬가지입니다. 대기, 물, 흙냄새, 그리고 사람들의 정이나 말투까지 처음 접하고 익혔기에 그곳을 잊을 수 없습니다. 사람들은 그것을 향수라고 하지요. 그곳을 잊으라고요? 안 되지요. 아무리 성공하여도 가까이에서 기뻐해 줄 사람이 없다면 무슨 즐거움이 있겠습니까? 그래서 사람이 성공하면 금의환향한다고 하지 않습니까? 부모가 그렇듯 그곳 사람은 아무런 이해 관계없이 성공을 축하해주지요. 그들이 고향 사람입니다. 그 사람들과 관계를 끊는다면 끝내 외톨이가 될 것입니다. 왜냐하면, 주변에 사람이 있는 것은 무언가 이해관계가 있어서이지 정말 자신이 좋아서 그런 경우는 드무니까요.

학연은 어떨까요? 학연이 무엇입니까? 초등학교, 중학교, 대학교, 그리고 군대에 와서 군사훈련까지 비슷한 시기에 비슷한 문제를 놓고 고민하고 해결하기 위해 애쓰면서 튼 정을 가지고 있는 사람 아닙니까? 그들이 나쁘다고요? 천만의 말씀입니다. 그들과의 관계가 끊기면 어떻게 됩니까? 그렇습니다. 의리 없는 놈이라고 소문이 나고 아무도 상대를 해주지 않게 될 겁니다.

시냇가에서 벌거벗고 물장구치던 초등학교 친구나, 예쁜 여학생에 대하여 논란을 벌이며 자신의 이성관을 가지고 설전을 벌이던 중학교 친구나, 사소한 말다툼으로 주먹다짐을 한 고등학교 친구나, 민주화를 위해서는 누가 대통령이 되어야 한다고 입에 거품을 물고 토론하던 대학교 친구 모두 세월이 지나고 만나면 언제나 소중한 추억을 공유한 애틋한 사람들이지요. 그들과 좋은 관계가 나쁘다고 평한다면 어불성설입니다.

그런데, 왜 이런 혈연이나 지연, 학연이 마치 좋지 않은 것처럼 인식하게 되었을까요. 표를 모으는 데 혈안이 된 일부 정치가, 아니 정치꾼의 농간에 넘어간 것이지요. 그들의 말에 속아서, 그리고 경험했던 정치 현실이 소중한 끈을 나쁜 줄로 인식하게 하였습니다. 혈연이나 지연이나 학연은 잘 발전시키고 유지해야 하는 훌륭한 인간관계이지만 지켜야 할 도리가 있습니다. 그것은 자신의 직책이나 가지고 있는 권력을 그러한 부분에 사용해서는 안 된다는 것입니다.

왕의 아들이 왕이 되는 시절은 지났습니다. 누구나 비슷한 경쟁을 통하여 살아가야 하는 것이 현실입니다. 그것을 피해서 편하게 지름길로 가고자 하는 사람이 있고, 그들을 감싸 안는 사람이 있기에 상대적으로 피해를 보는 사람이 생기게 되지요. 그리고 그들을 욕하게 됩니다. 그때 빠지지 않는 것이 바로 혈연, 지연, 학연입니다.

그러면 어떻게 발전시키고 유지해야 할까요? 그것은 순수하게 각 개인의 관계이기 때문에 개인의 힘으로, 개인의 돈으로, 개인의 시간으로 유지 발전시켜야 합니다. 공권력이나 공금을 이용하지 않고. 생각해 보십시오. 부모님께 개인의 돈과 시간으로 효도를 하는데 욕할 사람이 있겠습니까? 또는 고향 사람이나 동기 동창이 찾아와서 술 한 잔 사 주는 데 나무랄 사람이 있겠습니까? 욕이 아니라 오히려 반드시 해야 하지요. 후레자식이나 싸가지없는 놈이라는 욕을 먹지 않기 위해서라도.

제가 늘 자랑스러워하고 사랑하는 전우 여러분은 부모나 고향 사람, 또는 동기생이나 동창생에게 한결같이 대해 주시길 바랍니다. 아니 그럴 것으로 믿습니다. 다른 사람도 아닌 남자, 사나이, 군인이니까.

그런데 사실은 더욱 소중한 끈이 있습니다. 그것은 바로 근무-연입니다. 서로 얼굴을 마주 보고 이야기도 하고, 몸을 부딪쳐 보기도 하고, 서로에게 기쁨과 즐거움을 준 적도 있으며, 서로에게 시련과 상처를 준 적도 있습니다. 함께 울기도 하였고, 함께 감격하기도 하였으며, 가르침을 받은 적도 준 적도 있습니다. 완전하게는 아니겠지만 서로를 분명히 아는 관계 그것이 바로 근무-연입니다. 끈은 바로 그 근무-연을 소중히 하라는 것입니다. 그것은 잘 알지 못하는 10년 학교 선배나, 20년 고향 선배, 또는 16촌 먼 친척에 의지하여 살아가려고 하지 말고 바로 지금 같이 근무하고 있는 상관이나 동료, 부하에게 잘 보이려고 노력하라는 말과 같습니다.

사람은 언제 어떤 형태로 다시 만나게 될지 알 수 없습니다. 그때 떳떳하게, 당당하게 만나서 지난 추억을 이야기할 수 있도록, 뒤에서 헐뜯지 말고, 비난하지 말고, 욕하지 말고, 서로 칭찬하고 격려하며, 밀고 당기며 좋은 인간관계를 만들어 가라는 이야기입니다. 근무-연도 잘못하면 부정부패의 원인이 분명히 될 수도 있지만 그래도 일면식도 없이 단지 선배나 후배라고, 또는 친척이라고 부당하게 평가하는 것보다는 훨씬 정당할 것입니다. 분명히 과거에 마음속으로 평가한 내용이 뇌리에 살아있기에.

어떻습니까? 잘해야겠지요? 상관에게, 동료에게, 부하에게. 아름다운 여인뿐만 아니라 주변 모든 사람에게 매력적인 사람으로 자신을 가꾸어 가야 합니다. 성공하려면.

2003. 8.

셋 ✎ 영어에 대하여

　우리 민족은 행복한 민족입니다. 왜냐하면, 세상에서 가장 배우기 쉽고 다양한 표현을 할 수 있는 말과 글이 있기 때문입니다. 한국이 인터넷 강국으로 급성장할 수 있었던 것은 부모들의 높은 교육열과 관심이 있었기에 가능하기도 하였지만, 세 살부터 여든 할아버지까지 누구나 쉽게 인터넷에 접속하여 정보의 바다를 항해하고 자기 의견을 제시할 수 있었기 때문입니다. 바로 한글의 힘이었지요.
　생각해 보십시오. 50자의 히라가나로 의사 표현을 해야 하는 일본이나, 수많은 획수로 이루어진 수많은 문자를 입력해야 하는 중국이 어떻게 쉽게 인터넷에 접근할 수 있겠습니까? 그래도 자기 글이 있는 나라 또는 민족은 다행이지요. 말만 있고 글이 없는 세상의 많은 민족은 알파벳을 이용하여 의사 표현을 해야 하지요. 영어가 아닙니다. 단지 음으로만 알파벳을 이용하고 의미는 전혀 다른 글이지요.

지금까지 살면서 우리 민족에 대하여 부끄러운 과거가 많았지만 가장 자랑스럽게 말할 수 있는 부분입니다. 아마 세종대왕과 집현전 학자들은 20세기에 인터넷이라는 정보 매체가 있을 것으로 예측이나 한 것처럼 너무나 인터넷에 적합한 우리 글을 만들어 주었습니다.

이런 자랑스러운 한글을 두고 영어를 배우라고 할 때 한심하였습니다. 중학교 1학년 때였지요. 과거 중화사상에 물들어 있던 조상처럼 현재 최강자인 미국에 아부하는 것처럼 보였습니다. 그래서 영어 시간마다 칠판에 큰 글씨로 써 두었습니다.

'국어를 사랑하자! 영어를 배우지 말자!'

당시 영어 선생님은 여자 선생님이었는데 두 번째까지는 웃어 넘기셨지만 세 번째에는 참지 못하시고 누구 짓이냐고 물었습니다. 떳떳하게 손을 들고 소신을 피력했지요. 결과는 예상대로 손바닥이 멍이 들도록 맞고 한 시간 동안 복도에서 무릎 꿇고 손을 들고 있어야 했습니다. 부끄럽고 창피하기도 하였지만, 더욱 마음을 아프게 했던 것은 소신이나 의지와는 관계없이 영어를 배워야 했던 것이었습니다.

영어 점수가 나쁘면 평균점수가 깎이기 때문에 시험공부는 열심히 해서 점수는 항상 90점 이상을 받았습니다. 하지만 영어 실력이 는 것은 아니었지요. 배우려는 의지 없이 외워서 득점하는 식이었습니다. 그 당시에는 영어를 배우지 않아도 남에게 뒤지지 않고 세상을 살아갈 수 있다고 믿었습니다. 대학 갈 때까지만 오로지 점수를 올리기 위해서만 공부하고, 나 자신을 위해서는 하지 않으려고 하였고, 실제로 하지 않았습니다.

멍청한 생각이었습니다. 군대 와서는 영어 걱정을 하지 않아도 될 줄 알았던 생각이. 그리고 한글이 아무리 우수하고 훌륭해도 우리 민족끼리만 통하는 언어로써 세계화 정보화 시대인 오늘날 대처능력이 떨어진다는 것을 군에 와서야 알았습니다. 늦었지만 지금부터라도 해야 하겠습니다. 세계에서 가장 영어 못하는 나라가 동양 삼국이랍니다. 고유의 언어와 문자가 있었던 것도 한 원인인 것 같습니다. 상대방을 알아야 경쟁에서 승리할 수 있고, 미국과 온 세상의 나라가 우리의 경쟁상대라면 먼저 그들을 알아야 하지 않겠습니까? 영어를 배워야 하는 이유입니다.

또 한 가지 이유가 있지요. 바로 근무평정 시에 영어 점수를 참고하게 되어있습니다. 영어 공부를 하라고 해도 나처럼 하지 않는 사람이 있으니 강제적인 방법을 동원하는 것 같습니다. 굳은 머리로 공부를 할 생각을 하니 머리에 쥐가 날 것 같지만 어떻게 합니까? 도태되지 않으려면, 처자식을 먹여 살리려면 어쩔 수 없는 것을.

하지만 겁먹지 마십시오. 대대원의 영어 실력을 확인하고자 조사를 해 보았습니다. 시험을 치른 점수를 공개한 사람이 10여 명

뿐이었고, 대부분이 최저 점수에도 미치지 못하였습니다. 자신만 못 하는 것이 아니고 대부분 비슷한 실정이라는 말입니다.

늦었다고 생각할 때가 가장 이른 때라는 말이 있습니다. 분명히 늦었지만 1년 후, 또는 5년 후와 비교한다면 상당히 이른 시기라고도 할 수 있습니다. 1년여 고생을 하면 아마도 목표 수준에 도달할 수 있을 거라고 생각됩니다. 영어를 열심히 해서 같은 시대에 살아가는 모든 인류와 비교하여 동급 최강이 됩시다. 그 영어를 무기로 모든 분야에서 앞서 나갑시다. 모든 분야에서 한국이 압도적으로 앞서 나간다면 아마 세상 사람들이 한글을 배우지 않고는 견디지 못할 겁니다.

우리가 사랑하는 아들, 딸 그리고 먼 미래의 후손을 위해서라도 열심히 공부해야 합니다. 그 사랑하는 후손들이 우리와 똑같이 외국어를 반드시 배워야 하는 고통스러운 전철을 밟지 않도록 하기 위해서라도.

2004. 3.

넷
✎ 전사들의 합창

늠름하고 당당한 무장전사 여러분! 고생 많았습니다. 평가의 기준이나 개인별 관점의 차이가 있어 간발의 차이로 우수부대가 되었지만, 대대장이 보기에는 틀림없는 우승이었습니다.

군가 경연대회 선수는 물론 이등병부터 감독관, 중대장에 이르기까지 가장 많은 대대원이 기지 강당을 점거하였고, 선수들이 입장할 때의 환호성과 강력한 '무장가'의 이중창은 모든 관중을 감동하게 하였습니다.

2주간의 우승을 향한 혼신의 노력에도 불구하고 우승하지 못한 아쉬움에 고개를 떨구는 자랑스러운 무장전사들의 모습에 가슴이 아려왔습니다. 같이 우수부대로 선정되었지만 환호하고 열광하는 수송대대와는 분위기가 달랐지요. 과거에 수많은 무장 선배들이 닦아놓은 빛나는 전통과 명예가 있었기에, 우승을 할 수 있다는 강한 자신감이 있었기에, 우승하려는 열망이 간절하였기에 우리 무장전사들은 아쉬움에 고개를 떨구었습니다.

그러나 아쉬워할 필요는 없습니다. 우승이 목표인 것도 당연하고 우승을 위해 전력을 다해야 하는 것도 맞지만, 결과에 너무 집착해서는 안 됩니다. 우리가 보여줄 수 있는 것은 모두 보여주었고, 무장대대가 가장 병력이 많다는 것도 보여주었으며, 모두가 하나가 되는 장관도 연출하였습니다. 대대장이 주장하는 최고의 대대 최강의 전사들임을 확실하게 증명하였습니다. 어젯밤 군가경연대회를 계기로 혼연일체의 모습을 보여 준 바로 그 모습처럼 손발이 쥐가 나도록 흔들고 뛰었으며, 목이 터져라, 강당이 무너져라, 함께 했던 전사들의 합창처럼 언제나 목표를 향해 저돌적으로 돌격하며 381명의 전사가 혼연일체가 된다면 하지 못할 일은 없습니다.

비록 금년에는 달성하지 못했지만, 대대 무사고 원년 달성은 충분히 이룰 수 있습니다. 아시다시피 사건이나 사고는 가정이나 개인의 불행에만 그치는 것이 아니라 중대나 대대 전체에도 엄청난 영향을 줍니다. 최우수대대나 최우수중대 선발에도 영향을 줄 수 있으며 금년처럼 단 한 건의 실무장 실수가 없어도 문제가 많은 대대로 보일 수 있습니다. 10년 후에는 3000일, 20년 후에는 7000일 무사고 대대가 존재한다는 사실을 온 세상에 알릴 수 있기를 소망합니다. 물론 현재 있는 대대원은 대부분 제대하겠지만, 그 초석을 마련한 것은 여러분이기를 간절히 바랍니다.

준비하고 훈련할 때는 힘든 과정이었지만, 경연대회에 참가한 선수 모두에게는 하면 할 수 있다는 자신감, 피땀을 함께 흘리며 나눈 피 끓는 전우애, 무미건조한 군 생활일 수 있으나 젊은 날의 열정을 마음껏 발산했던 아름다운 추억을 간직하게 되었습니다. 그간의 노고를 충심으로 치하하며 전사들의 앞날에 무궁한 영광과 행복을 빕니다.

열창하는 우아한 남자 무장전사 파이팅!
뭉쳐! 뭉쳐! 하나로!

2006. 12. 14.(목)

다섯
 첫눈에 대한 감상 대대원에게

날씨가 추워졌습니다. 추워져야 할 시기에 추워진 날씨지만 실외에서 활동하는 무장전사들이 생활하기에는 고통스러운 시기입니다. 날씨만 추워진 것이 아니고 서산의 습한 대기로 때때로 쌓이는 눈이 또한 우리를 피곤하게 합니다.

어제는 첫눈치고는 많은 눈이 내려 쉬어야 할 시간에 모두 출근하여 눈과의 전쟁을 치렀습니다. 자주 순찰을 하였지만 ○○비에서 지내고 있는 인원에 비교하여 면적이 지나치게 넓다는 생각을 다시 하였습니다. 제설 장비가 쉬지 않고 가동되었지만, 사람들이 해야 할 일들이 너무도 많았습니다. 아침부터 저녁까지 추위와 눈과 싸운 많은 영내자 및 영외자 여러분 수고하셨습니다.

이미 모두 깨달았겠지만, 사람들의 생각은 계속 변하는 것 같습니다. 어려서부터 사춘기까지는 눈에 대하여 순결이나 순수한 영혼 등을 떠올리며 눈이 오면 괜스레 가슴이 설레고 좋은 일이 있을 것 같은 예감에 기분이 좋아졌지만, 어느 순간부터는 생각이 달라졌습니다. 아마 눈 사역을 하고 나서부터인 것 같습니다. 어제도 아침에 커튼을 걷어 본 일곱 살 막내딸이 외친 소리가 생각납니다.

"와 눈이 쌓였다! 야, 신난다. 눈싸움할 수 있겠다!"

골프 약속도 취소해야 하고, 대대원 중에 교통사고가 발생하지 않을까, 비상소집으로 눈 사역을 해야겠다는 아빠의 고민이나 걱정은 안중에도 없는 태평한 환호였지만, 그 나이에는 그럴 수밖에 없을 거라는 생각이 듭니다.

우리 병사들은 눈 사역 때문에 눈이 조금은 짜증 나겠지만 그래도 첫눈 오면 만나자는 연인이나 친구가 있는 사람이라면, 조금은 눈에 대한 감상이 다르겠지요. 이제 눈이 시작되었지만 아마 작년에 ○○비에서 근무했던 사람들은 눈에 대해서는 할 말이 많을 것입니다. 제가 알기로 12월 한 달간을 눈과의 전쟁으로 보냈습니다. 치워도 치워도 그치지 않고 내리는 눈이 아무리 좋은 추억을 가진 사람이라도 징그럽게 느껴졌을 것입니다. 그렇지만 겪을 때는 고통이지만 지나고 나면 전우와 한마음으로 똘똘 뭉쳐 함께 했던 그 시절이 아름다운 추억으로 간직될 것입니다. 2005년 12월을 아마도 영원히 잊지 못하겠지요. 먼 훗날 아름다운 추억거리를 만들기 위하여 내리는 눈이라고 생각하고 심신이 나른한

한겨울이지만 따뜻한 커피 한잔으로 전우애를 나누는 하루가 되시기를.

2006. 12. 18(목)

여섯
✎ 선물

가장 소중한 선물이 무엇인지
생각해 보았습니까?

경험을 돌이켜보면
아마도
열렬히 사랑하는 아름다운 여인이나
가장 친한 친구에게서 받은
선물일 것입니다.

그 선물이 소중한 이유는
당신이 가장 사랑하는 사람이 준

선물이기 때문입니다.

자신이 가장 사랑하는 사람으로부터의 선물은
내용이나 질이
문제가 될 수 없습니다.

주변을 둘러보십시오.
당신을 가장 사랑하는 사람에게
선물을 주십시오.

당신이 가장 사랑하는 사람에게 받은 선물이
그 무엇보다도 소중하였듯이
당신을 가장 사랑하는 사람에게는
당신의 선물이 가장 소중합니다.

진심이 담긴 작은 선물이
당신을 사랑하는 사람을 감동하게 하고
더욱 당신을 사랑하게 될 것입니다.

세상에서 당신을 가장 사랑하는 사람
자기 자신보다도 더욱 당신을 사랑하는 사람은
바로 부모입니다.

세상에서 가장 중요한 사람은
자신이 가장 사랑하는 사람이지만
못지않게 중요한 사람은
자신을 가장 사랑하는 사람입니다.

당신을 가장 사랑하는 사람이
사소한 일로 아파하지 않도록
조금의 관심을 가지고
휴가 때 작은 선물로 감동을 주시기를.

2008. 9.

일곱
K-POP의 비애

나는 K-POP을 모른다. 아니 POP 자체를 모른다. POP이 뭐지? TV도 자주 보지 않지만, 토요일 저녁 홀로 사는 외로움에 TV를 보니 방콕에서 K-POP 쇼를 하는데 TV에서 중계해서 생전 처음 K-POP이라는 것을 보았다. 놀랐다. 피부색이 다르고, 생김새도 언어도 다른데 그들이 열광하는 모습을 보니 경이로웠다.

세상 사람들이 혼자 잘 먹고 잘살려고 좋은 아이디어로 많은 돈을 번 스티브 잡스에 열광하고 추모할 때 의아스러웠듯이 왜 저 사람들이 열광하는지 의아스러웠다. 한국 사람이면 모두 다 노래방에서 그 정도의 열기와 열정을 내뿜지 않는가? 새롭게 깨달은 것은 펜은 총보다 세다고 하였지만, 펜이나 총보다 센 것이 예술이라는 것 정도일까?

아이돌 가수의 열정과 몸짓, 특히 그들의 강렬한 눈빛, 아는 사람은 다 알듯이 승부는 눈빛에서 가려진다. 그냥 기분에 이기고자 하는 사람과 남자로서 자존심을 걸고 이기고자 하는 사람의 눈빛과 반드시 이겨야 할 절박한 이유가 있는 분노와 증오의 눈빛과는 차원이 다르다. 치고받기 전에 눈빛에서 이미 승부가 나는 법, 나보다는 한참 후배였지만 그들의 눈빛은 날카로웠다. 관객을 압도하는 카리스마 넘치는 눈빛, 그것은 군인인 내가 보기에도 무서운 것이었다. 그것이 비록 쇼라 할지라도…….

KOREA, 코리아가 퍼지는 것은 좋다. 그렇지만 내 가슴에 코리아는 없다. 아름답고, 강력하고, 평화로운 대한민국이 있을 뿐이다. 즐겁고 행복한 마음으로 후배(뻘)들의 쇼를 봤지만 늘 그렇듯이 기쁨과 함께 비애가 느껴졌다. 저 예쁘고 잘생긴 놈들이 저렇게 잘하기까지의 과정은 무엇일까? 왜 그 길을 걷게 되었을까? 세계에서도 가장 치열한 경쟁세계인 한국, 공부하기 힘들어서가 아니고 공부에서 뒤처지니까 나선, 생존을 위한 투쟁을 하다 보니 우뚝 서게 된 것이다. 승자의 뒤에는 무수한 패자의 시체가 엉켜져 있다.

외국인이 K-POP 때문에 한글을 배운다고 한다. 칭기즈칸이 세계의 1/4, 당시 기준으로는 거의 전부를 정복했고, 영국과 스페인과 러시아가 비슷한 정도의 영토를 확보한 적이 있지만 엄청난 생명과 재화를 퍼붓고 나서 전쟁에서 승리한 결과다. 전쟁은 있어서는 안 되고, 절대로 없어야만 하지만 그 전쟁을 예방하고 혹시 발생한다면 반드시 이겨야 하는 군인의 처지에서는 허탈해질 수 있는 대목이다. 싸우지도 않고, 이기지도 않았는데 사람들이 굴복한다는 사실, 비록 찰나(?)이겠지만 한국인의 힘은 세다. 다른 나라 사람이 한국을 역동적이라 하고 오바마 미국 대통령이 한국의 교육체계를 극찬하지 않는가?

한국의 아버지 어머니는 유학, 기러기 아빠를 자청한다. 세상의 이치가 모두가 같은 결과를 얻을 수는 없다. 그런데 한국에서는 모두가 1등을 원한다. 원하는 자체만 보면 세상 모든 사람의 생각이 같겠지만 한국 사람의 열정의 도는 너무 지나치다는 것이다. 정말 후배나 자식에게 미안하고, 또 미안할 뿐이다. 그러한 결과가 아이러니하게도 세계 제패다. 박세리, 박찬호, 박지성, 박태환 등 4박의 스포츠에다 영화로, 음악으로, 머지않아 문학이나 철학으로도 이길 거다.

오늘을 살아가는 모든 한국인이 과중하게 느끼는 경쟁, 그 공부 경쟁에서 밀려난 비주류가 한국 열풍을 만드는 거다. 공부 잘하는 놈들은 머지않아 치과의사나 검사를 할 것이다. 보통 사람보다 조금 더 윤택한 생활을 할지는 모르나 2002년 월드컵 때 안정환이나 홍명보가 느꼈던 강렬한 환희, 오늘 내가 본 덜떨어진(?) 후배들의 기쁨을 느낄 수는 없을 거다. 현재 세다고 영원히 셀 수는 없다. 센 것이 반드시 좋다고 할 수는 없겠으나 기왕에 세상에 태어나서 힘들다고 자살할 수는 없는 것 아닌가? 내가 힘들지 않으려면 센 놈이 될 수밖에 없다. 파이팅, 코리아다! 2012. 4. 29.(일)

여덟
✎ 대학

    세상에 대하여 관심이 많고, 누구보다도 많은 책과 신문과 방송 뉴스를 보면서 현대사회와 젊은이에 대해서도 많이 알고 이해하고 있다고 자부하였다. 그리고 전입 장교나 부사관, 신병에 대하여 세상을 어떻게 살아갈 것인지, 군 생활을 어떻게 지내고 무엇을 목표로 살아야 하는지 면담 중에 많은 말을 나누었다. 많이 알고 있으니 많이 알려 주어야 하지 않겠는가? 터무니없는 오만이요, 무지에 소치였다. 잘 알고 이해하고 있다는 신세대에 대하여 너무도 근본적으로 모르고 있었다.
    '이것은 왜 청춘이 아니란 말인가?'란 책을 읽었다. 정말 이 시대의 젊은이들의 고뇌가 너무나 상세하게 담겨있었다. 역사 공부할 때 외웠던 구절이 있다. '태, 정, 태, 세, 문, 단, 세…….' 누구나 아는 조선왕조 연대순 왕이다. '서연고/서성한/중경외시/광명상가/한서삼' 무슨 내용인지 아는가? 서울에 있는 대학의 머리글자이다. 서울대, 연세대, 고려대, 서강대, 성균관대, 한양대, 중앙대, 경희대, 외국어대, 서울시립대, 광운대, 명지대, 상명대, 가톨릭대, 한서대, 서경대, 삼육대를 지칭한단다. 중간에 있는 '/'의 의미는 대학집단 간의 결코 넘어설 수 없는 절대적인 질적 차이를 의미한단다.

　서울대, 연세대, 고려대는 절대지존 명문대이며, 서강대, 성균관대, 한양대는 준 명문대이고, 중앙대, 경희대, 외국어대, 서울시립대는 이류 대학, 겨우 'in 서울'에 성공한 대학으로는 광운대, 명지대, 상명대, 가톨릭대를 가리키며 한성대, 서경대, 삼육대를 지칭하는 '한서삼'은 서울에 있지만 서자 취급을 받는 최하위 3인방 대학이고, 이름조차 거명되지 않은 '이하잡'과 '지대잡'이 존재한다. 원주에 있는 연세대학교 분교는 '원세대'라고 칭하고 조치원에 있는 고려대학교 분교는 '조려대'라고 하면서 이들은 서울본교로 소속 변경을 위하여 목숨 걸고 공부한다고 한다. 분교에 다니는 사람은 연세대학교나 고려대학교에 다닌다고 말하기가 부끄럽고 본교에 다니는 학생은 서울대생에게 꿀리고, 서울대에 다니면서도 '법대'나 '의대'생에게 열등감을 가진다니 믿을 수 없는 현실이고 세기의 아이러니 아닌가?

　물론 세상 어디에서도 힘 있고, 돈 많고, 머리 좋은 사람한테 위축되는 건 어쩔 수 없는 사실이다. 그렇지만 사람이 가진 재능이나 장, 단점이 모두 다른데 단순히 학업성적만으로 그 정도의 열등감을 느끼며 학교 이름에서 자신의 정체성을 찾으려 한다는 사실에 분노하고 통탄한다.

 나는 이러한 사실을 몰랐다. 10여 년 전부터 서울 안에 있는 대학이 서울대라고 해서 농담인 줄 알았지 사실로 받아들이지 않았다. 너무나 허무맹랑한 말이어서. 물론 내가 대학 다닐 적 이야기지만 80년대에 거의 연·고대 수준으로 알아주고 지방 일류대학이라 칭하던 부산대, 경북대, 전남대, 충남대가 '지잡대'라니, 책을 읽으며 가슴이 찢어지게 아프고 눈에서 눈물이 줄줄 흘러내렸다. 그런 사실도 모르고 나는 큰딸에게 서울대에 합격하지 못하면 지방 국립대학을 가라고 한 것이다. 한동안 딸이 삐쳐서 아무 말도 하지 않는데 나는 원인을 알 수 없었다. 그렇지 않겠는가? 초일류 대학을 가지 못할 바에는 삼류 대학에도 들지 못하는 지잡대에 가라고 종용하였으니……. 지방 국립대학 등록금이 사립대의 절반밖에 하지 않는다는 허울 좋은 이름으로.

 대학 서열을 뼈저리게 느끼는, 거의 인생의 모든 것을 거는 학생에게 현실감 없는 이야기를 하여 딸이, 다른 사람도 아닌 사랑하는 내 딸의 가슴을 한없이 아프게 한 것을 생각하면 너무도 가슴이 아프다. 미안하다, 딸아 아빠가 너무나 무지해서. 이제 알았으니, 할 수 있는 한 노력해서 가고 싶은 대학을 가라. 돈이야 그때가 되면 무슨 방법이 생기겠지.

 2012. 4. 30.

아홉
 성적

행복은 성적순이 아니라는 말이 있다. 입시 지옥에서 허덕이는 고등학생에게는 달콤한 말이다. 이 말은 근본적으로 거의 진리에 가까운 말이나 사람들이 깨닫기까지는 너무 많은 시간이 걸리므로 실제로는 틀린 말이라고 할 수 있다.

행복이 성적과는 거의 관계가 없다는 것은 행복이란 어떤 조건이나 상황을 말함이 아니고 개인의 심리 상태를 표현한다는 데 있다. 즉 공부를 꼴찌 해도 어떤 이유로 행복하다면 행복한 것이다.

그러나 성적을 유심히 바라보는 사람이 많다는 데서 성적에 따라 행복이 달라질 수 있다. 부모와 선생님의 칭찬이나 친구 후배의 부러움은 행복감을 높일 수 있다. 사실 그 과정이 인생을 지배할 수도 있다. 성적이 좋은 사람이 더 나은 대학에 진학하고, 더 좋은 직장에 취업할 가능성이 크며, 그 결과 원하는 배우자까지 얻는다면 성적이 행복에 결정적인 것으로 보인다.

사실이 그렇지는 않지만, 성적이 그러한 결과를 초래했다 하더라도 그 자체로 행복이 결정되는 것은 아니다. 그러나 주변의 시선이나 학습된 감정에 따르면 달리 느끼기가 어렵다. 그러므로 성적과 행복의 근본적 상관관계와 무관하게 개인에게 느껴지는 행복은 성적에 크게 영향을 받을 수밖에 없다.

행복은 성적순이 아니라는 말은 지극히 옳은 말이다. 그 말은 행복은 신분이나 직업이나 계급이나 배우자의 수준에 따라 달라지지 않는다는 말이다. 만약 그런 조건에 따라 달라진다면 그에게 행복은 거의 성적순이다. 그러나 부탄이나 방글라데시 국민이 소득이나 피부색에 무관하게 미국인이나 한국인보다 행복하다면 행복은 조건이 아닌 개인의 심리 상태라는 것이 명백하다.

행복은 성적순이 아니다. 그 말이 진리임을 증명하려면 자신의 행복이 신분이나 물질적 수준에 영향을 받지 않고, 오직 마음의 상태에 따라 결정됨을 깨달아야 한다. 주변의 시선이나 명예, 재산, 배우자에 따라 행복이 영향을 받는다면 성적은 행복을 결정하는 핵심 요소로 작용할 것이다.

2020. 4. 28.(화)

열
 연애편지

    연애하면 누구나 시인이 된다. 보지 못했던 것을 보고, 듣지 못했던 것을 듣고, 느낄 수 없었던 것을 느낄 수 있는 연애는 창조의 시기다. 처음 경험한 감정은 써 보지 못한 낱말로 말하게 한다.
    연애를 시작하면서 시인이 되는 건 아니다. 누구나 연애를 하면 시인이 되는 건 연애란 게 순탄한 것이 아니라는 걸 시사한다. 처음부터 끝까지 의도대로 진행되는 연애는 없다. 서로 다른 영혼을 가진 두 사람이 상대에게 어떤 매력을 발견했다 하더라도 모든 것이 완벽할 수는 없다. 연애에는 반드시 시련이 오고 통곡의 강을 건너야 한다.
    만남의 희열이 강렬했던 만큼 두 사람 사이에 생긴 감정의 골은 태산준령 사이의 계곡과도 같다. 넘을 수 없는 장애물에 부딪했을 때 우리는 드디어 시인이 된다. 연애편지를 쓰는 것이다.

  사랑한다고 연애편지를 쓰게 되는 것이 아니다. 연애가 잘 안 될 때 간절하게 호소한다. 그 글이 연애편지고 다른 말로 시가 된다. 의도대로 진행되는 사랑의 대상자에게 누가 구구절절 애원하겠는가? 누가 비굴하게 노예가 되어 상대를 찬양 하겠는가?

  연애하면 누구나 시인이 되는 건 맞다. 그러나 처음부터 시인이 되는 게 아니라 난관에 봉착하고 그것을 벗어나기 위해 발버둥 치기 시작할 때부터다. 두 사람 사이에 거대한 장벽이 가로막힐 때 시인이 된다. 연애편지는 사랑의 종말에 이르기 직전에 호소하는 사랑에 대한 애원이다.

2020. 4. 30.(목)

열하나
✎ 사랑의 정체

사랑의 본질은 육체적이다. 사랑은 눈으로 보거나 귀로 듣거나 코로 맡거나 입으로 맛보는 게 아니라 몸으로 느끼는 것이다. 사랑은 몸으로 한다. 사랑의 주체는 정신이 아닌 육체다.

정신적인 사랑을 예찬하는 사람이 있다. 군신 간의 의리, 부자 간의 정, 친구 간의 신뢰도 사랑으로 표현할 수는 있다. 그러나 그것이 사랑의 본질이 될 수는 없다. 사랑이란 무엇인가? 번식을 위한 짝짓기다. 사랑의 정체는 유전자가 보전을 위하여 개체에 하는 짝짓기 명령이다. 그 짝짓기가 괴롭다면 개체가 거부할 것이기에 감미롭고 황홀한 쾌감을 선사한다.

사랑의 본질이 육체적이라면 왜 정신적 교감을 중요시하는가? 사랑을 원하고 느끼고 수행하는 것은 몸이지만 그 이후를 걱정해야 한다. 몸이 원한다고 상대를 가리지 않고 사랑한다면 그 뒤가 어떻게 되겠는가? 수컷이 떠난 뒤치다꺼리를 암컷이 홀로 책임져야 한다. 그러한 상황을 미연에 방지하기 위하여 암컷은 수컷을 받아들이기 전에 세밀하게 평가한다. 수컷은 즉각적인 사랑을 원하지만, 암컷은 확실한 판단 전까지 거부한다. 그것은 자신과 자식의 생존 확률을 높이기 위한 본능적 선택이다.

사랑의 본질은 몸의 촉각이지만 시각 청각 후각 미각도 나름대로 사랑에 공헌한다. 상대의 육체적 정신적 건강상태를 면밀하게 확인하고 이상적인 배우자에게는 자신의 매력을 호소한다. 그러나 실제적이고 가장 확실한 방법은 접촉이다. 이성간 사랑 발생 여부를 알 수 있는 것은 신체 접촉 시 느낌이다. 별다른 느낌이 없다면 무관한 타인이다. 그러나 고압 전류가 흐르는 듯하고 머리칼이 쭈뼛하는 충격이 온다면 어떤 일이 생긴 것이다. 상대의 외모가 아무리 아름답고, 그 목소리가 감미로우며, 체취가 향기롭고, 풍기는 맛이 달달 해도 신체 접촉에 무덤덤하다면 특별한 사람이 될 가능성은 없다.

여러 조건이나 상태를 파악하고 판단하며 마음에 드는 이성을 유혹하기 위해 노력하는 정신은 사랑의 성공을 위해 필요하다. 그러한 이성(理性)인 공감 교감이 중요하다고 하여도 사랑의 본질은 육체다. 접촉에서 몸이 벼락 맞은 듯한 느낌이 오지 않는다면 공허한 사랑이다. 스스로 사랑이라고 자위하는 것이다.

2020. 5. 2.(토)

제2부 전우

전우란
생사고락을 함께한 사람이거나
함께할 사람이다

조자룡

하나
 니들이 알아

힘들게 훈련받던 시절,
깨달은 게 있습니다.

여러분은 무엇을 깨달았습니까?

구속받고 규제받으면서
먹고 싶은 대로 먹지도 못하고
자고 싶은 만큼 자지도 못하며
하고 싶은 대로 하지도 못하고
뛰고, 뒹굴고, 박고, 맞고, 차이던 그때
기억하고 싶지 않지만

잊을 수 없는 기억들

그때 무엇을 느꼈습니까?
그렇습니다.
자유의 소중함
그걸 느꼈을 겁니다.

자유롭게 살던 시절에는
자유의 소중함을 잘 모르고 지내지만
정작 자유를 빼앗겼을 때
우리는 깨닫습니다.
인간이 왜 자유로워야 하는가를

계급이나 신분이 어떻든
우리는 소중한 존재이며
우리의 임무는 막중합니다.

그렇게 갈구하던 자유
그 자유와 평화를 지키기 위해 노력하지 않습니까?
나 하나의 자유와 평화가 아닌
오천만의 자유와 평화를 위해

부모 곁에서 살 적에는 잘 몰랐지요
부모의 소중함과 사랑을.
떨어져 살아 보니
얼마나 사랑받고 살았는지 알겠지요
밥, 빨래
행여나 다칠세라
행여나 아플까 봐
그렇게 자식을 위해서는 모든 걸 마지않는 부모님,
그렇지만 다 깨달은 게 아니랍니다.

구속받았을 때 자유를 알았듯
자식을 낳은 후에야
정말 부모의 사랑을 깨달을 수 있지요
그렇게 나를 헌신적으로 사랑을 했던 부모님이건만
나는 그분들을 그렇게 사랑하지 못합니다.
어떻게 아느냐고요?
그분들보다 내 세 명의 자식을 훨씬 더 사랑하기 때문이죠.

그래서 조국을 사랑합니다.
자유의 소중함과
부모의 사랑은 경험 끝에 깨달았지만
경험하지 않아도 알 것 같습니다.

해외에 가본 적이 없지만
조국의 의미를.
사는 동안 나라가 망한 적이 없지만
나라 없는 서러움을.

자유, 사랑, 조국
그 모든 것을 지키기 위해 우리가 고생하고 있는 겁니다.
보람 있지 않습니까?
평생 할 필요도 없습니다.
단지 군 생활 동안만 하면 됩니다.
그다음에는
우리의 후배나 자식들이
또 그 일을 하겠지요.

여러분 모두
군 생활 동안 주 임무를 완수하고
건전하고 건강한 모습으로 제대하는 날
자신 있게 말할 수 있기를 기대합니다.

니들이 알아?
자유와 사랑과 조국의 진정한 의미를.
2003. 3. 11.(화)

둘
짝사랑의 비애

여러분은 짝사랑을 받아 보셨습니까? 경험이 있는 사람은 알겠지만, 짝사랑을 받는 것은 고통입니다. 내가 싫어하는 사람이 나를 좋아한다고 편지를 쓰고, 찾아오고, 전화하고, 울고, 죽는다고 하고, 이럴 땐 정말 죽고 싶을 정도로 짜증이 나죠, 정말 미치게 괴롭습니다.

그렇지만 상황이 역전되어 내가 좋아하는 사람이 나를 싫어하고 멀리할 때 그제야 깨달았습니다. 짝사랑을 받는 것도 괴롭지만 짝사랑을 하는 것이 더 큰 고통이라는 것을, 먼저 짝사랑을 해 보았더라면 그렇게까지 매몰차게, 잔인하게 상대하진 않았었을 것을. 내가 귀찮았던 것 이상으로 그 사람은 얼마나 고통스러웠을까요? 돌이켜 생각을 해봐도 가슴이 아픕니다.

여러분, 저는 무장분야, 무장대대, 무장·탄약 특기인 여러분을 사랑합니다. 짝사랑은 아니겠지만 어떤 때는 짝사랑일지도 모른다는 생각을 하게 됩니다. 만약에 짝사랑이라면 여러분 모두가 고통스러울 거라는 예상도 합니다. 사랑하는 사람에게 기대치가 높듯이, 아시다시피 저는 대대나 여러분에 대한 기대치도 굉장히 높습니다. 기대치만큼 역량을 발휘하면 문제가 없겠지만, 항상 목표를 달성할 수는 없으니까요.

주 임무를 완수하라!

지상안전에 유의하라!

화합하며 단결하고 주위 사람에게 배려하라!

많은 요구에도 불구하고 주어진 임무를 완수하기 위해 오늘도 땀 흘려 일하는 자랑스러운 무장전사 여러분! 몇 사람의 짝사랑 때문에 더욱 고통스러울 것을 생각하면 마음이 아픕니다. 그렇지만 짝사랑 받는 사람의 고통을 감소시키기 위해 사랑을 포기할 수 없듯이 저도 포기할 수 없습니다. 무장분야의 영광과 무장탄약정비대대의 영광, 무장·탄약 특기 개인의 발전과 성공, 그 어느 것 하나 포기할 수 없습니다.

'어느 순간 포기하려 하면 여러분이 바로잡아 주십시오.'

'때때로 포기하고픈 생각이 들 때도 있습니다.'

서두에 짝사랑을 받는 것도 괴롭지만 짝사랑을 하는 것은 더 큰 고통이라고 했습니다. 짝사랑하는 사람의 마음을 조금만 이해해 주시기를 간절히 바랍니다.

어제 군수전대 체육대회가 끝났습니다. 치욕스럽게도 다섯 개 팀에서 5위를 했지요. 1승이나 1세트도 따내지 못한 것은 상관없습니다. 어차피 우승이나 준우승 못 할 바에야 무슨 상관이겠습니까? 결과만 놓고 본다면 말입니다. 그러나 여러분의 자존심이 상하지 않으십니까? 내가 열심히 하지 않아도 다른 사람이 열심히 해서 우리가 이기기를 기대했을지도 모릅니다. 그렇다면 지나친 욕심이었다는 것이 증명되었지요. 제가 군 생활 시작한 지도 어언 14년째입니다. 그동안 우승하지 못한 적도 있습니다. 그렇지만 체육대회에서 5위는, 경험은 고사하고 보도 듣지도 못했습니다. 흔한 말로 쪽팔렸지요.

여러분 중에서도 아마 그런 생각이 든 사람이 있었을 겁니다. 시간이 없고 힘든 일일지라도 내가 합시다. 영광은 상관, 동료, 부하에게 돌리고 고생은 다른 사람이 아닌 내가 하겠다는 의식을 갖춥시다. 모든 무장전사가 이 같은 생각을 가진다면 우리 분야나 대대, 개인에게 항상 영광이 함께 할 것이라고 굳게 믿습니다.

여러분! 사랑합니다. 무장대대 통제실장으로서가 아니라 어느 직책, 어느 장소에 있어도 항상 무장의 영광을 고집하는 미련한 사람으로서 말입니다.

2002. 5. 30.(목)

셋
 해야 할 때

때를 놓치지 마십시오.
우리는 무엇인가 해야 할 때
그 일을 해야 합니다.

손님이 찾아오면 같이 식사를 해야 하고
기쁜 일이 있으면 축하를 해야 하고
슬픈 일이 있으면 위로를 해야 하며
병원에 입원하면 위문을 해야 하고
사람이 죽으면 조상을 해야 합니다.
적시에.

해야 할 때를 놓치는 경우가 있습니다.
집안일을 핑계로
부대 일을 핑계로
개인적인 일을 핑계로 말입니다.
자기 일을 중요하게 생각해서지요.

진정한 배려란
상대방을 중심으로 하는 생각과 행동입니다.

안타를 아무리 많이 치면 뭐합니까?
적시에 때려내지 못하면
완봉패를 당하지요.

부대에서
회식을 몰아서 하는 것을 종종 볼 수 있습니다.
진급, 전입, 전속 등
여러 가지 이유와 사람을 합해서 말입니다.

우스운 일입니다.
법이나 규정 어디에도
반드시 회식해야 한다는 문구는 없습니다.
시기를 놓치면 안 해도 무방하지요.

이런저런 개인적인 사정을 들어 연기하려면
차라리 하지 않는 것이 더 좋을 수도 있습니다.
사람은 기쁠 때 축하받고 싶고
슬플 때 위로받고 싶어 합니다.
그리고 때에 따라서는
그날의 주인공이 되고 싶을 때도 있는 법입니다.

자기 일에 누구도 관심을 보이지 않는다면
가슴이 아플 것입니다.
그리고 그런 경험을 해 보았을 것입니다.
그런데도 다른 사람에게
똑같은 일을 경험하게 한다면
그 사람은 타인을 배려하는 마음이 부족하거나
그 사람에 관심이 없는 것입니다.

부득이한 사정이 없는 한
해야 할 때
그 일을 하십시오.
같은 양의 시간과 돈을 투자해도
상대방이 느끼는 감동은 다릅니다.

만약에 주변 사람들이

내 일에 관심이 없고
나에게 배려하지 않는다면
자신을 돌이켜보아야 합니다.

자세히 살펴보면
분명히 이유가 있을 것입니다.
내가 주변 사람을 배려하지 않고
이기적으로 살고 있다는 사실을 깨달을 것입니다.

내가 주지 않으면
다른 사람들도 나에게 주지 않지요.
그러나 다른 사람이 주지 않더라도
당신은 먼저 주십시오.

받지 못했을 때의 아픔을
상대에게 되돌려 주는 것은
소인배의 졸렬한 마음일 것입니다.

그것이 지도자의 첫걸음입니다.

2003. 5. 30.(금)

넷
공군교육사 신임 소위들에게

'사람은 자신을 인정해 주는 사람을 위해서는 목숨을 바친다.'라는 말이 있습니다. 그 정도로 사람은 인정받기를 원하는 사회적인 동물이라는 뜻이겠지요. 하지만 나를 인정해 주는 사람보다는 바른 정신을 가지고 바르게 생활하는 사람이 더 좋습니다. 왜냐하면, 나를 인정해 주는 사람 중에는 나의 바른 정신이나 행동보다는 다른 부분으로 인정할 수도 있기 때문입니다.

예를 들어 외모나 신체조건, 대화, 발표, 운동 능력 또는 아부도 포함될 수 있지요. 그런 부분도 살아가는 데 꼭 필요한 요소라고 할 수 있고 인정받는 데 있어서 기분 좋은 것만은 사실이지만, 그렇다고 목숨까지 바치고 싶은 마음은 들지 않습니다. 만약에 단순히 인정받았다고 기뻐하면서 목숨을 바친다면 조직폭력배의 작은 의리나 역사의 흐름에 반한 사람들과 별 차이가 없겠지요.

사람들은 신분이나 직책이 높은 사람에게 인정받을수록 자신의 가치가 높아진다고 생각하기 쉽습니다. 살아가는 데에는 유리하겠지만 결코, 그렇지 않습니다. 그것은 진정으로 인정받았다기보다는 단지 그 사람의 주변에 있었기 때문이라고 보는 것이 타당할 것입니다. 접할 기회가 없어 인정받지 못하는 사람들과 비교한다면 운이 조금 좋았다고 해야 할까요?

자신의 가치가 평가받기에 따라 달라지는 것은 아닙니다. 자신은 결국 자신이지요. 평가를 잘 받았든, 아니면 잘 받지 못했더라도 근본적으로 자신이 변하는 것은 없습니다. 정말 가치 있는 훌륭한 사람이라면 누군가에게 평가받은 결과로 기뻐하거나 절망하지 않고, 충성을 다 한다거나 등을 돌리는 일은 하지 않습니다. 중요한 것은 그가 나를 어떻게 평가하고 인정하느냐가 아니라 그가 올바른 생각을 가지고 가치 있는 일을 실천하느냐입니다.

부하로부터 충성을 받으려거든 많은 칭찬도 중요하지만 올바른 가치관을 가지고 끊임없이 정진하고, 실천하십시오.

2004. 3. 8.(월)

다섯
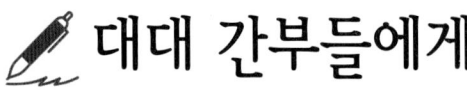 대대 간부들에게

　안녕하십니까? 연일 주 임무를 하면서 부대훈련, 직무 지식평가, 학술평가 등 지휘검열 준비하랴, 거기에다 연합 기지 방호 및 화학전 훈련 준비까지, 정말 눈코 뜰 새 없이 바쁘고 힘든 나날인 것 같습니다. 그런 와중에 이런 특별훈련까지 받아야 하니 조금은 가슴이 답답할 겁니다. 하지만 얼마 남지 않은 합동 지휘검열 준비를 철저히 한다고 생각하고 적극적인 자세로 훈련에 임해 주기 바랍니다.
　여러분! 바람직한 군인 상에 대하여 생각해 보셨습니까? 현재 군인의 신분으로서 멋진, 이상적인 군인 모습 말입니다. 머릿속에서는 그려지지만, 말로 표현하려면 쉽지 않을 것입니다. 나는 한마디로 말하자면 다음과 같이 말하고 싶습니다.

우리가 초등학교 다닐 때, 예전에는 국민학교라고 하였습니다마는 막 한글을 익히고 나서, 아마 대부분 2, 3학년 때였을 겁니다. 그때 담임선생님께서 국군 아저씨께 위문편지를 쓰라고 하였습니다. 위문편지를 쓸 때 성도 이름도 모르는 누군가를 연상했던 그 모습, 그것이 이상적인 군인의 모습이라고 말하고 싶습니다.

아마도 나약하고, 자기만을 생각하며, 전우애가 없는 그런 군인을 연상하며 편지를 쓴 사람은 없을 것입니다. 잘 생기고, 크고 튼튼하며, 박력 있고, 늠름하며, 투철한 충성심과 불굴의 의지, 임전무퇴의 기상과 피 끓는 전우애를 함양한 그런 군인을 연상하며, 국가와 국민의 재산과 생명을 지켜 주는데 감사하고 십여 년 후에는 내가 그 자리를 이을 것을 다짐했을 것입니다.

그 십여 년이 흘러 이제 우리가 군인이 되었습니다. 한번 자신을 돌이켜 보십시오. 과연 내가 소년 시절 연상했던 군인의 모습으로 완성되었습니까? 자신 있는 사람도 있겠지만 그렇지 못한 사람들도 많을 것입니다. 기본군사훈련과 특기 교육을 받고 나면 군인으로서 갖추어야 할 기본소양을 모두 갖추게 되지만, 내가 어렸을 때 꿈꾸었던 국군 아저씨의 모습을 완성했다고 자부하기는 힘들 겁니다. 우리가 전 인생을 통하여 배우고 자신의 모습을 가꾸어 가는 것처럼 군인으로서도 제대하는 그 날까지 항상 자신의 모습을 가꾸어 가야 합니다. 군인다운 군인이 되기 위하여. 그러기 위해서 갖추어야 할 몇 가지를 생각해 보았습니다.

첫째, 단정한 용모입니다. 우리는 부모님이 물려주신 모습은 어쩔 수 없습니다. 크고 단단한 신체와 아름다운 용모를 갖기를 원하지만, 나의 의지와는 관계없이 만들어진 현재의 외모를 원망해 보아도 소용없습니다. 그것은 자신의 존재를 부정하는 모순된 논리지요. 하지만 신성일이나 배용준같이 뭇 여성의 가슴을 설레게 하는 외모를 만들 수는 없지만 단정한 모습은 보일 수 있습니다. 아침에 일어나면 면도하고 드라이하고 속옷이나 겉옷을 자주 빨아서, 깔끔하게 다림질해서 저 사람은 항상 단정하다 하는 이미지를 만들 수 있습니다.

둘째, 늠름한 모습입니다. 크고 튼튼한 사람만이 늠름한 모습을 보일 수 있는 것은 아닙니다. 덩치가 작고, 다소 왜소한 체격을 가졌어도 씩씩하고 당당하게 행동하는 것입니다. 다소 자신이 없어도, 운동경기도, 태권도도, 직무 지식도, 영어도, 술도, 이성친구도 다른 사람과 비교해서 좀 떨어져도 그래도 용기를 내서 당당하게 행동하십시오. 내가 자신이 없는 부분이 분명히 있고 그러한 부분은 자신의 노력으로 극복해야 하지만 주눅들을 필요는 없습니다. 왜냐하면, 겉으로 드러나지 않고, 잘 표현하지는 않지만 누구에게나 약점이나 아픈 사연은 존재하기 때문입니다. 가슴을 펴고, 가끔은 하늘을 바라보면서, 팔을 힘차게 휘두르면서, 필승 구호도 우렁차게, 내 앞에 장애물은 없다는 듯이 당당하게 걷는 것입니다.

셋째, 군인정신입니다. 군인정신이 무엇입니까? 우리가 군인이니까 우리가 가지고 있는 정신입니까? 맞는 말입니다. 정상적인 군인이라면, 군인도 아닌 사람들이 군인정신으로 해야 한다는 말을 가끔 합니다. 대한민국 대표 축구선수들이 군인이 아닌데도 군인정신으로 싸워야 한다고 합니다. 왜, 군인도 아닌 사람들이 군인정신을 말하는 것일까요? 인생을 살아가는 데는 위기가 끝없이 이어집니다. 그러한 위기를 슬기롭게 극복한 자만이 살아남을 수 있습니다. 이 자리에 있는 사람들도 현재까지는 승자입니다. 적어도 죽지 않고 살아남았으니까요. 하지만 아직 끝이 아닙니다. 그 끝은 아무도 모릅니다. 최후의 순간까지 패자가 아닌 승자의 모습으로 존재하려면 가져야 할 것, 그것이 군인정신입니다. 서두에 이야기했지요. 국가와 국민을 위해 한 몸을 바칠 수 있다는 투철한 충성심, 결코 꺾일 수 없다는, 밟아도 밟아도 되살아나는 잡초같이 끈질긴 불굴의 투지, 싸우면 이긴다는 필승의 신념, 싸움에 임하여 물러서지 않는 임전무퇴의 기상, 전우를 대신하여 죽을 수 있는 피 끓는 전우애, 이런 것들이 군인정신입니다.

이런 정신을 가진 사람과 하는 싸움이나 경쟁이라면 두렵겠지요. 그래서 이길 수 있는 것입니다. 싸움에서 적을 두려워한다면 이길 수 있겠습니까? 그래서 갖추어야 한다는 것입니다. 군인정신을.

바람직한 군인의 모습에 대하여 용모와 태도, 그리고 정신으로 구분해서 말했습니다. 여기에 덧붙여서 군대에서 깨달아야 할 것이 있습니다. 3대 악습 행위 아시죠? '구타 및 가혹 행위', '음주운전', '파렴치 행위' 수없이 많은 교육을 통해서, 수많은 지시 문서를 통해서 지겨우리만치 듣고 또 들은 말들입니다. 하지만 여러분도 들어서 알겠지만 최근 비행단에서 끊임없이 발생하고 있고 군의 사기와 단결을 저해하고 있기에 다시 한번 말해야 하겠습니다.

저도 지금은 대대장으로서 구타 금지를 말하고 있지만, 학창시절에는 싸우기도 많이 했고, 때리기도 많이 하였습니다. 그러나 장교후보생 시절 선배로부터 집중적인 구타를 당한 이후 생각이 바뀌었습니다. 사람을 때려서는 안 된다고. 그때 맹세를 하였습니다. '누가 잘못을 하더라도 그 사람을 때린다면 사람이 아니다. 아무리 미워도, 어떠한 시비를 걸더라도.' 그 이후로 정말 사람을 때리지 않았습니다.

여러분, 개구리가 되어서는 안 됩니다. 상급자 여러분에게 말합니다. 여러분은 사람이지 개구리가 아닙니다. 개구리가 올챙이를 보고 비웃듯 후배나 신병에게 멍청하다고, 일을 빨리 배우지 못한다고, 눈치가 없다고 욕하거나 비웃지 마십시오. 불과 1년여 전에 귀관의 선배들도 또한 귀관에게 그랬을 것입니다. 답답하고 짜증이 나도 참고 가르쳐야 합니다. 개구리가 되지 않으려거든.

하급자 여러분에게 말합니다. 맞지 마십시오. 욕먹지 마십시오. 안 맞고 욕 안 먹는 사람이 잘하는 사람입니다. 손뼉은 마주쳐야 소리가 난다고 했습니다. 정신이상자가 아닌 다음에 누가 잘하는, 아니 잘하지는 못하지만 노력하는 사람에게 돌을 던지겠습니까? 군에 입대하기 전에 마음속으로 다짐했던 생각, 생활이 조금 편해졌다고 버리지 말고 끝까지 지키십시오. 군에 입대하기 전에 휴양 간다고, 편하게 쉬러 간다는 생각으로 입대하지는 않았을 것 아닙니까? 무언가 생각을 했다면 그 생각을 버리지 말고 좀 더 생각하고, 좀 더 움직이고, 예의를 갖추어서 상급자가 때리고 싶은 충동을 느끼지 않게 해주십시오.

다음은 음주운전입니다. 한때는 음주운전은 조심해서 해야 한다고 교육하던 시절이 있었습니다. 음주운전 금지가 아니라, 음주운전을 하면 사람의 지각능력이 떨어지기 때문에 평소보다 훨씬 조심해야 한다고 교육했지요. 그것이 불과 십여 년 전 일입니다. 하지만 시절이 바뀌었습니다. 교통사고 세계 1위라는 타이틀을 차지하고 분석을 해 보니 대부분이 음주와 연관이 있다는 결론이었습니다. 그래서 음주운전이 불법이 되었습니다. 사고 여부와는 관계없이 음주운전 자체가 위법입니다.

음주운전은 자신과 불특정 다수에 대한 살인미수 행위입니다. 또 민간인은 벌금과 면허취소 등을 당하면 상황이 종료되지만, 군인에게는 그것이 시작입니다. 소속 부서는 특별훈련을 해야 하고 개인은 여러 차례 진급에서 탈락하고, 아니 영원히 진급이 안 될 수도 있습니다. 자기 자신과 가족을 위해서 한순간이라도 음주운전을 해서는 안 되겠습니다.

끝으로 파렴치 행위입니다. 파렴치 행위가 무엇입니까? 비윤리적인 행위 즉, 사기입니다. 자신의 양심을 속이고 주변 사람, 즉 자신을 가장 아껴 주고 사랑하는 사람을 속이고 사기 치는 사람, 이런 사람이 되지 않아야 한다는 것은 두말하면 잔소리겠지요? 아마 무장대대원 중에는 단 한 사람도 없을 것이라 믿습니다.

　전문 사기꾼도 있지만, 사람들이 처음부터 사기를 치려고 해서 사기를 치는 것이 아닙니다. 처음에는 바르게 살려고 했지요. 그래서 주위 사람에게 사랑받고, 인정받고, 존경받는 사람이 되려고 했지요. 하지만 험난한 세상살이가 견디기 힘든 상황이 사람을 변하게 합니다. 그래서 그런 힘든 상황을 만들면 안 됩니다. 내 잘못이 아니고 우연히 닥친 상황이라면 극복해야 합니다. 내일이나 다음이 아니고 당장, 그 상황이 닥친 순간에 말입니다.

　사기를 치지 않는 것만 중요한 것이 아닙니다. 사기를 당하지 않는 것도 중요합니다. 사기를 당하면 자기 자신과 가족이 힘들어지지요. 피해자인데도 주변 사람들이 백안시하게 되고 관리자한테는 집중관리 대상자가 됩니다. 가슴 아픈 일이지만 제2 제3의 피해자가 생기지 않도록 말입니다. 의리의 사나이로서, 피 끓는 전우애로 꼭 도와주고 싶다면 그냥 주어도 될 만큼의 돈만 빌려주십시오. 그렇지 않고 반드시 받아야 자신의 삶을 유지할 수 있다면 그것은 무모한 투기입니다. 사람들이 돈을 빌리는 것은 자신의 힘으로 해결할 수 없을 때가 대부분입니다. 오늘 돈이 없어 힘든 사람이 내일 갑자기 부자가 될 수 있을까요? 너무나 인정 없고 매정한 말인 것 같지만, 부모 형제나 동료, 친구 못지않게 나와 가족의 삶도 중요하므로 심사숙고를 해야 합니다. 어쩌면 돈을 빌려주지 않는 것이 상대방을 위해서도 득이 될 수도 있습니다. 돈도 잃고, 사람도 잃는 경우가 허다하므로.

오늘 장시간 동안 용모, 태도, 정신 등 군인이 갖추어야 할 바람직한 군인 상과 구타, 음주운전, 파렴치 행위 등 3대 악습 행위에 대하여 말했습니다.

오늘도 개인의 인생에서 당당하게 주연으로 살아가는 여러분! 내 인생에서는 내가 주인공이지만, 주변 동료의 인생에서는 내가 조연이 됩니다. 반대로 동료는 내 인생에서 조연이 되겠지요. 훌륭한 조연의 연기로 주인공이 더욱 빛나는 것처럼, 내가 훌륭한 인생을 살기 위해서도 주변 사람과 더욱 긴밀하게 협조하면서 따뜻한 세상을 만들어 갑시다.

노파심에서 말합니다만 음주운전 당사자를 원망하지 마십시오. 분명히 잘한 일이 아니고, 있어서는 안 되는 일이지만, 세상을 살다 보면 누구에게나 있을 수 있는 일입니다. 술 마실 때나 기쁠 때, 즐거울 때만 불타는 전우애 운운한다면 진정한 전우애가 아닐 것입니다. 진정한 전우애는 힘들거나 고통스러울 때 함께 할 수 있는 사람입니다. 이번 일을 계기로 우리 대대원 전체가 솔선수범하여 서로 돕고 합심하여 조직의 목적을 달성하는 멋진 대대로 거듭나기를 기대합니다.

2004. 3. 21.(일)

여섯
 영내자 축구대회 준우승 후 대대원에게

선전한 영내자 축구 대표선수에게 찬사를 보냅니다. 사람들은 늘 이기기를 원하고 이기기 위해서 최선을 다해 노력하지만, 항상 모든 것을 이길 수는 없습니다. 지더라도 준비하지 않고 노력하지 않고 패한다면 아쉬움과 회한이 남지만, 최선을 다해 준비하고 노력하여 실력 차이에 의해서 졌다면 어쩔 수 없습니다. 가슴 한구석에서 슬픔이 밀려오지만 내색할 수 없습니다. 옹졸한 사람이라는 말을 들을까 봐.

그동안 바쁜 일과 중에도 짬을 내어 축구 연습을 했던 대표선수 여러분과 여러모로 도움을 주기 위해서 노력한 대대원 여러분에게 감사를 드립니다. 승부는 일회성이 아닙니다. 몇 번의 승패가 인생을 좌우하는 것도 아닙니다. 하지만 전에도 이야기하였듯이 이기는 것도 지는 것도 습관입니다. 자주 이기는 사람은 이기기 위한 요령을 알고 있고 인생에서도 승리할 가능성이 크지요. 자주 지는 사람은 이기는 것 자체가 너무나 힘든 것임을 잘 알기 때문에 준비하지도 않고 포기합니다.

그래서 이기는 것을 강조하는 대대장이지만 졌다고 해서 나무라지도 않습니다. 한 경기 결과일 따름이기 때문입니다. 그러나 새로 전입하는 병사들을 훌륭한 무장전사로 양성하여 내년 영내자 축구대회에서는 승리의 영광과 환희를 전 대대원이 맛볼 수 있기를 희망합니다.

자랑스러운 대표선수 여러분! 대대장은 여러분을 영원히 자랑스러운 부하로 간직하겠습니다. 그래서 사진 촬영도 하였지요. 혹시 잊을까 봐. 패한 것은 어쩔 수 없고, 후회도 없지만, 한 가지 아쉬운 것은 대대의 승리를 위하여 열심히 싸우다가 쇄골 골절상을 당한 정○○ 병장이 병실에서 안타깝게 승리를 기도했지만, 좋은 소식을 전할 수 없었다는 것입니다. 정○○ 병장의 쾌유를 기도하면서 자랑스러운 축구선수 이름을 불러보겠습니다.

결승전을 뛰지 못해 가슴 아픈 정○○ 병장
내가 빠진 무장대대 축구는 앙꼬 없는 찐빵이라는 공격의 첨병 곽○○ 병장
어디라도 좋다! 만능 플레이어 조○○ 병장
실력은 몰라도 깡이라면 결코 질 수 없다는 박○○ 병장

체격이 작아 슬프지만 물러서지 않는 임○○ 상병

계급이 낮아 실력 발휘를 제대로 못 했지만, 실제 실력만큼은 최고라는 김○○ 이병

굵은 다리만큼 멀리 차지 못해 가슴 아픈 강○○ 일병

수비는 자신 있다고 큰소리치는 이○○ 병장

너무 착해서 탈인 순진한 남자 이○○ 병장

부딪히면 박살 나는 그라운드의 핵탄두 박○○ 병장

축구는 모른다. 하지만 뛰는 데는 자신 있다는 적토마 최○○ 병장

내년에는 기필코 우승하겠다고 큰소리치는 안○○ 상병

왼발잡이라고 우습게 보지 말라고 실력을 보여 준 손○○ 상병

서해인지 동해인지 헷갈리는 서○○ 상병

축구는 좀 엉성하여도 영어는 짱이라고 우기는 송○○ 병장

키퍼라서 슬픈 얼짱 신○○ 병장

후보로 밀린 아픈 사연을 가진 검은 사나이 박○○ 병장

늘 웃지만, 마음만은 굳센 김○○ 병장

주전으로 교체해 주지 않은 감독이 원망스러운 김○○ 병장

너희들이 아느냐? 후보의 서러움을. 양○○ 병장

후보라도 좋다. 그래도 대표 아이가? 윤○○ 병장

내년에 보자. 내가 후보라고? 정○○ 상병

덩치 큰 그라운드의 하이에나 곽○○ 군은 남자가 가슴으로 세 번 울어야 할 때를 이야기해주자, '첫째 자식이 죽었을 때, 둘째

실연당했을 때, 셋째 축구에서 졌을 때' 그 큰 덩치에 어울리지 않게 울음을 터트리더군요. 보기와는 다르게 마음이 약한지, 승부에 대한 애착이 남다른지, 너무 감상적인지.

여러분이 축구에서는 졌지만, 인생이라는 긴 승부에서는 결코, 지지 않도록 젊어서는 열혈남아, 늙어서는 지존이 되도록 마음을 굳게 먹고 전진하십시오. 늠름하게, 씩씩하게, 남자답게, 울지 말고.

대대장은 믿습니다. 여러분이 축구 할 때 가슴이 터지도록 답답하였지만, 필승의 신념으로 이를 악물고 뛸 때의 정신, 바로 그 군인정신으로 살아간다면 반드시 성공할 것을.

그리고 바쁜 와중에도 끝까지 응원하고 뒤풀이까지 참석하여 격려하여 주신 화력제어반장, 통신반장, 탄약고 선임부사관, 주임원사, 박○○ 원사님께도 감사드립니다. 대대원의 적극적인 후원과 성원은 영내자 축구 대표선수뿐만 아니라 대대장에게도 크나큰 힘이 된다는 사실을 잘 알고 계실 것입니다.

뜨거운 계절입니다. 움직이기 싫고 일하기 힘든 계절이지요. 힘들어하는 동료를 위해서 조금 더 움직이고 일하여 같이 폭염을 이겨 나갑시다. 무장대대 힘내자!

2004. 6. 16.(수)

추신

공중전투평가지원 평가대회에서 우리가 종합 최우수부대로 선발되지는 못했지만, 뒤풀이로 열린 비행단 대항 족구대회에서는 당당히 우승했습니다.

♥ 킬   러 : 하사 김○○

♥ 아 라 트 : 중사 최○○

♥ 좌측수비 : 상사 정○○, 하사 김○○

♥ 우측수비 : 하사 류○○

정○○ 상사는 수비 도중 비싼 안경까지 망가졌습니다. 박수 한번 보내 주시지요. 짝짝짝~짝짝 무~장대대!

일곱
 대대 장교 음주사고 발생 후 대대원에게

사랑하는 무장대대 장병 및 군무원 여러분! 틈만 나면 글을 쓰고 싶어 안달하는 대대장입니다. 제24회 병사의 날을 맞아 온종일 동참했습니다. 본 사람은 보았겠지만, 대대장은 우리 대대원이 기쁠 때나 괴로울 때, 즐거울 때나 힘들 때 함께 하고 싶습니다. 다른 지휘관 참모님도 많이 참석했으면 재미있게 즐기는 신세대들을 보았을 텐데…….

개회식 때는 무장대대가 체육대회 준우승 표창을 받았고, 참석한 사람들을 둘러보니 안면이 익은 대대원이 많이 있었기에 기분이 좋았습니다. 오전에는 박○○ 상병의 노래를 들었고, 오후에는 병사의 날 하이라이트인 커플 장기자랑을 보았습니다. 당근 무장대대 병사들도 참석했지요. 다섯 명 중에 두 명이나 우리 대대원이었습니다.

　자랑스러운 와중에 가슴이 아팠습니다. 줄다리기 일등을 한 무장대대지만 행사에 참석한 우리 대대원이 조금은 적게 보이더군요. 그리고 용기가 있기에 여자친구를 초청하였고, 배짱이 있기에 무대에 나섰겠지만 조금은 기백이 부족한 듯해서였습니다. 그래도 대대장이 보기에는 물론 두 사람이 가장 훌륭하였지만.

　하지만 걱정하지 마십시오. 대대장은 대대장이 일등 하라면 할 수 없을지 몰라도 우리 대대원을 일등 시키라면 자신 있습니다. 우리 대대원 모두가 대한민국 일등국민, 최고 남아로 자리매김할 수 있도록 제 역량을 몽땅 쏟아부을 것입니다. 처음 대대장으로 취임해서 일당백이라는 말을 하였지만 아마 반신반의했을 것입니다. 하지만 엊그제 영내병사체육대회 줄다리기에서 여실히 증명하였습니다. 부대 규모가 작아 인원수도 적고 선수들의 몸무게도 작았지만 이길 수 있다는 걸 보여주었습니다. 단합이 무엇인지 혼연일체가 무엇인지 비로소 깨달았을 것으로 생각합니다. 그것만 알려 주면 제가 더 할 일이 없습니다. 모르는 사람이 있는 다른 곳으로 달려가야지요.

　행사가 끝나고 3박 4일 휴가를 주었습니다. 중대장이나 반장님들께 양해를 구하지도 않았지만, 충분히 이해하실 것으로 믿습니다. 비록 그들이 다섯 명 중 4, 5위를 하였지만, 그래도 무장대대를 빛낸 사람들입니다. 이제 불과 이병들입니다. 그들에게는 많은 기회와 시간이 남아 있습니다. 젊기에, 아직은 가다듬어지지 않앉기 때문에, 다소 미흡한 점이 있을지 모르지만, 젊은이는 젊은이다운 용기와 기백, 배짱이 있어야 합니다. 그래도 그들은 자신의 여자친구를 전 부대원에게 소개할 수 있는 용기가 있는 대대장이 바라는 남아로서의 배짱이 있습니다. 비록 다른 대대 인원보다 몸집은 다소 작았지만 정말 멋있었습니다. 무대에 있었을 때는 잘 몰랐는데 가까이에서 보니 실제로 멋진 여성, 미녀들이었습니다. 어렵게 이성 친구를 만들고 멋진 모습으로 전우들에게 소개한 이병 이○○ 군과 김○○ 군에게 박수를 보냅니다.

행사가 끝나고 먹거리 장터에서도 무장대대가 단연 빛났습니다. 통제실장을 비롯한 전 대대 장교가 영내 병사들과 함께하였고 준사관, 부사관들도 많이 참석하여 동생뻘 전우들과 신나가 놀았지요. 폭탄가를 폭발하듯이 불러 무장대대 병력이 어디에 있는지, 몇 명이나 있는지 전 지휘관 참모에게 자랑하였습니다. 단장님도 전대장님도 너무도 좋아하셨습니다. 그리고 일선 무장중대원들은 자리가 파할 때까지 막걸리 한 잔 못하고, 오직 우리 비행단 영내 병사들을 위하여 부지런히 칼질하였습니다.

대대장은 너무 기분이 좋았습니다. 그래서 수고한 간부들에게 한 잔 사고 싶었습니다. 모두 즐거워하였고 대대장도 기분 좋게 잠자리에 들 수 있었습니다. 새벽에 음주 사고가 났다는 사실을 알기 전까지는.

대대장이 주관한 자리였고 당사자가 장교였기에 대대원을 볼 면목이 없습니다. 죄송합니다. 하지만 인생이란 것이 원래 그런 것이기에 후회는 없습니다. 사나이는 아무리 고통스럽고 절망스러운 결과가 나와도 후회하면 안 됩니다. 후회할 일은 애초에 하지 말았어야 하니까요. 다만 반성하고 문제점을 분석하여 미래에 대비할 뿐입니다.

신을 믿지는 않지만, 운명의 여신이 대대장에게 암시나 경고한 것 같습니다. 자만하지 말라고. 대대원이 잘 아시다시피 대대장이 자신감은 좀 있는 편입니다. 지난 일 년 동안 대과 없이 지내다 보니 자신도 모르게 자만심이 붙은 모양입니다. 신이 그것을 경고한 것이겠지요. 처음으로 돌아가라고.

탄약고에서 근신 첫날 구보를 하였습니다. 대대 장교 다섯 명이 구호를 번갈아 하며 다섯 바퀴를 뛰었지요. 체력이 약한 대대장이라 다소 힘에 겨웠습니다. 하늘을 보았지요. 아름다운 예천 밤하늘에 무수히 많은 별이 빛나고 있었습니다. 갑자기 가슴이 아파 왔습니다. 그 많은 별이 우리 이백 명 대대원의 초롱초롱한 눈망울로 보였습니다. 그리고 응원을 하고 있었습니다, 힘내라고, 사나이 대장부가 그 정도 체력으로 무엇을 이루겠느냐고. 눈에서 물방울이 흘러내렸습니다. 사나이의 눈에서 나오는 물은 눈물이 아닙니다. 성취감에서 나오는 환희의 이슬이거나 비탄의 핏물입니다.

이백 명 무장전사가 삼백오십일 동안 혼연일체가 되어 이루려던 큰 성이 일순간에 흔들리는 것을 보았습니다. 갑자기 언젠가 보았던 '달려라 하니'라는 만화영화가 생각났습니다. '하니'는 부모 없이 고아로 자라는 소녀라서 공부를 잘하지도, 몸이 크고 우람하지도 않습니다. 하지만 달리기는 좀 하지요. '하니'가 잘 달리는 이유는 엄마가 생각날 때마다 달리기 때문입니다. 엄마가 하늘 저편에서 웃으며 손짓을 하면 엄청난 속도가 붙지요. 커다란 눈망울에서 물방울을 떨구면서.

사백 미터만 뛰어도 힘든 대대장이지만 나중에는 힘든 줄 모르고 뛰었습니다. 대대원에게 미안한 마음도 들고, 대대원의 응원 소리에 몸이 지친 것을 잊었기 때문입니다. 세상에는 항상 시작과 끝이 있습니다. 영광의 시간도, 좌절의 시간도. 그간의 영광스러운 시간이 끝났을지 모르지만, 그 끝은 새로운 시작의 출발점일 뿐입니다.

사랑하는 대대원 여러분! 비 온 뒤의 땅이 더욱 굳는다고 하였습니다. 비록 오늘은 다소 슬펐지만, 우리 무장대대가 존재하는 한 절대로 흔들리지도 무너지지도 않습니다. 그것을 대대장도 우리 무장전사들도 허락하지 않기에. 이런 정도의 일은 위기라고 말할 정도도 아니지만, 위기는 곧 기회라고 하였습니다. 우리 모두 기회를 살려서 새해에는 정말 단 한 건의 비행사고나 지상 사고가 없는 강력하고 신바람 나는 대대를 건설합시다. 강한 척하지만, 마음 약한 대대장이 드립니다.

2004. 12. 17.(금)

여덟
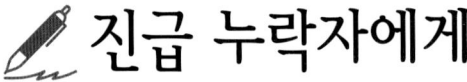 진급 누락자에게

　가슴이 아픈 남자들이여! 가슴을 활짝 펴시오. 눈가에 맺힌 이슬을 털어내고 밤하늘을 한 번 보시오. 무수히 많은 별 중에 그대의 별을 한 번 찾아보시오. 비록 그대들만큼은 아닐지라도 대대장의 가슴도 상당히 아프다오.

　내가 실연당했을 때의 기분은 어떤 위로나 격려도 필요 없었다오. 아니 필요 없는 것이 아니고 효과가 없었던 거지. 정말 자신에게 닥치면 상상할 수 없을 정도로 가슴이 아프고 우울하고 서글픈 것이지만, 다른 사람들은 아무리 노력해도 백 퍼센트 이해할 수는 없는 법이라오. 그것이 사람의 한계이며 또한 인생이라오.

　내가 없으면 이 세상이 불필요하지만, 내가 없어도 이 세상은 끄떡없다오. 그것은 슬픈 일이지만, 애석하게도 그걸 바꿀 방법은 없다오. 지난 일 년간 개인의 발전과 대대의 영광을 위하여 애썼다는 사실을 누구보다도 잘 알기에 가슴이 아프다오. 말로는 사나이를 외치지만, 아마 이미 알았겠지만, 강력한 사나이라서 사나이를 외치는 것이 아니라오. 오히려 그 반대겠지. 여자에게 여자 같다고 말하지 않듯이 사나이에게 사나이 같다면 어울리지 않는 말이오. 하지만 내 육체와 영혼의 허약함을 알기에 그것이 드러나지 않도록, 강자에게 보이지 않도록, 살아남기 위해서 그렇게 사나이를 외치는 것이라오.

귀관은 충분히 강하기에 그렇게 하지 않아도 문제없을 것이오. 연약한 마음을 소유한 대대장은 그렇게라도 하지 않으면 쓰러질 수도 있기에 늘 사나이를 강조하는 거요. 내가 사랑하는 부모님과 처와 자식들, 나를 사랑하는 부모님과 처와 자식들, 그들을 위해서 말이오.

비록 오늘은 슬프겠지만, 남자는 우는 것이 아니라오. 가슴이 찢기도록 처참해도, 살을 에는 듯한 아픔이 있어도 말이오. 예천에 유난히 많은 별을 바라보면서 있을지 없을지 알 수 없지만, 있을 것으로 생각하고 그대의 별을 찾아보시오. 인간사가 복잡하고 힘든 것 같아도 끝없는 우주를 바라보면, 한결 마음이 풀릴 것이오.

귀관이 최선의 노력을 하였고, 대대장도 약간의 노력을 하였지만, 불행하게도 결과는 좋지 못하였소. 귀관보다는 대대장한테 더 큰 잘못이 있는지도 혹 모르겠소. 하지만 언제까지 오늘의 결과만 보고 가슴 아파할 수만은 없는 것 아니오? 자, 함께 일어섭시다. 다시 출발합시다. 뛰어 봅시다. 다리가 아프고 숨이 차 오지만, 뒤따라 오는 수많은 무리를 보면 우리가 쉬고 있을 틈이 별로 없소. 대대장은 귀관과 함께했던 시간을 소중한 추억으로 간직하고, 당신의 말과 행동에 무관하게 항상 노력할 것이오.

당신의 진급과 사랑과 성공을 위하여!!

당신 인생의 꿈을 달성할 수 있도록 말이오. 슬프거나 아픈 내색하지 말고 늠름한 기상을 겸비한 무장전사답게, 강력한 폭탄답게, 날카로운 번개답게, 지축을 울리는 천둥처럼, 멋진 사나이로 다시 달려갑시다. 저 높은 곳을 향하여.

두서없이 지껄이고 있지만, 글을 쓰다 보니 이젠 다소 마음이 편하오. 좋은 밤 보내고 늘 행운과 영광이 함께 하기를.

2005. 5. 9.

아홉
 전역을 희망하며

　싱그러운 오월이 힘차게 걸어가고 있습니다. 제가 좋아하는 이 계절에 이러한 마음을 전할 수 있는 공간이 있다는 여건이 행복하고 감사하게만 느껴집니다.
　내 속에 나를 보고 싶어, 참된 자아의 실체가 하도 그리워, 화사한 봄빛 아래 육신이 아플 만큼 그리운 나날이 흘러가고 있습니다. 주변의 객관이 자아상에 집착하는 주관과 강하게 부딪혀 번민하고 고뇌하는 자아가 희미하게 보일 때는 그 속에 존재하는 참 나의 본성에 그림자가 어른거려 혼자 쓸쓸히 나만의 미소를 지어 보일 때가 많았습니다.
　만나고 헤어지는 수많은 인연의 고리를 꺾으며 지천명이란 세수를 넘기지만 아직도 오고 감의 아픔이 아쉽기만 한 저의 마음공부가 부끄럽기만 합니다. 가정과 직장을 중심으로 엮여있는 현실에 충실 하려 안간힘을 쓰는 자신의 껍질이 하도 대견스러워 안쓰러운 나만의 눈물을 보일 때는 스스로 위안하는 독백으로 달래는 고독함을 부둥켜 안아줍니다.

   밝고 맑은 한마음을 실현하고 싶은 이 작은 소망을 이루고 싶어 안달하는 에고의 꿈도 집착으로만 느껴질 때는 다시 한번 진솔하게 자신의 각오를 되짚어보았습니다.

   막내가 대학을 졸업하고 대학병원의 어엿한 간호사가 되었습니다. 이제는 그러한 욕심을 부릴 수 있는 용기를 가져도 될만한 시기가 도래한 것 같습니다. 저는 그 무엇도 되고 싶지 않습니다. 오직, 어디에도 걸림이 없는 나만의 자유스러움을 가지고 세상을 보는 눈을 크게 하는 시간을 갖고 싶은 것이 그 하나요, 한마음이 정리되면 진정 내 속의 참 나가 고개를 끄떡일 수 있는 일을 찾아 이 육신 으스러지도록 열심히 한 생을 마무리하여야겠다는 오랜 꿈이 그 하나입니다.

   일상의 모든 현실을 인정하면서 조용히 작고 순수한 이 소망 이루어졌으면 하는 바람을 이렇게 글로 정리해보았습니다. 감사하고 고마운 마음으로 이 글을 마무리합니다. 아름다운 날에 진솔한 속내를 보였습니다.

   2005. 5. 20.(금)
   준위 박○○ 드림

〈답글〉

　세상을 향한 뜨거운 열정과 따스한 사랑을 간직하신 감독관님, 그리고 알 수 없는 비애와 고통을 간직하신 감독관님, 죄송합니다. 감독관님의 뜻을 적극적으로 밀어주지 못해서. 하지만 감독관님께서 세상을 주도적으로 주체적으로 살아가시는 것처럼 저도 누군가의 조언이나 조정에 의해 살아가지는 않습니다. 비록 최선의 길이 아니라도 제가 생각하고 판단해서 제가 갈 길을 걸어갈 뿐.

　사실 좀 더 함께하고 싶은 기간을 늘리고 싶은 욕심도 있고, 30년 이상의 긴 군대 생활이 순수한 자신의 의도가 아닌 어떤 상황에 의해서 그 마지막이 결정된다면, 다른 사람은 모르겠지만 저로서는 견딜 수 없습니다. 감독관님의 생각이 지금은 다를 수 있지만, 영원히 그렇다는 보장은 없을 것으로 생각합니다.

　대대장 영상편지에서 '갈등'이라는 제목의 영상편지는 순수하게 감독관님을 연상하며 쓴 글입니다. 같이 사는 동안 제가 도울 일이 조금이라도 있었으면 좋겠습니다. 서글픈 가슴과 불타는 영혼을 소유하신 감독관님 화이팅!

갈등

사람은 겉만 보아서는 알 수 없다지요.
어떤 사람은 표정은 무뚝뚝하지만
사람들을 몰래 사랑하는 사람도 있고

어떤 사람은 표정은 밝지만
마음속으로는 울고 있는 사람도 있고
어떤 사람은 장애인이지만
하루하루를 행복하게 보내는 사람도 있으며
어떤 사람은 남부러울 게 없이 보이는데도
무언가 불만이 있는 사람도 있고
또 어떤 사람은 늘 솔선수범하며 앞장서지만
정작 자기 일은 해결하지 못하여
고민하는 사람도 있습니다.

정말 알 수 없는 것이 사람이요
사람의 마음이 아닌가 생각합니다.

한 사람의 인생을 논하자면
누구를 막론하고 영화나 드라마의 멋진 주인공보다
못하지 않다지요.
살다 보니 고난도 있고
사랑하게 되고 실연도 경험하고
사업에서도 성공과 실패를 되풀이하고
그리고 가장 친하게 지내던 사람과 영영 이별도 경험하고
또한, 기대하지 못했던 극적인 감동을 접하기도 하고
정말 영화나 드라마에서의 명장면보다

더 감동적이거나 슬픈 일을 경험하게 됩니다.
그러면서 쌓이는 것은
주름살과 흰머리의 외모 외에
다른 사람이 알 수 없는 자신만의 비밀과
심오한 내면세계입니다.

사람들이 살아가면서 늘 닥치는 상황을 해결하려면
갈등하게 됩니다.
그래서 삶은 상황의 연속이자 갈등의 연속이지요.
해야 하는지 마는지
한다면 이렇게 해야 하는지 저렇게 해야 하는지
하지 않는다면 또 어떻게 대처해야 하는지
갈등 자체도 고민이지만
판단하고 결행한 결과에 따라서
더 큰 고난이나 고뇌에 빠질 수도 있습니다.
그래서 판단하기 전에 더 많이 갈등하는 것이지만.

누구한테나 오는 상황이나 갈등
거기에 수반되는 고통, 비애, 애증
견디기 어려운 세상살이지만
남자는 쓰러지지도 울지도 않습니다.
아무도 동조하거나 동정하지 않을 것이기 때문에.

도중에 멈추지도 않고 멈출 수도 없습니다.
누가 멍청하다고 욕해도 어쩔 수 없습니다.
그는 나를 알지 못합니다.
내 마음의 갈등을 알 수 없습니다.
그냥 묵묵히 내가 갈 길을 걷습니다.
수많은 사연을 가슴에 묻고서 묵묵히 걸어갑니다.
그것이 남자입니다.
아버지입니다.

세상에서 가장 가까운 사람은 어머니지만
최강 무장대대 사람들은
어머니가 될 수 있는 사람은 없습니다.
모두가 현재 아버지이거나
미래에 아버지가 될 사람이지요.
여자나 어머니의 인생이 고달픈 것이 사실이지만
남자나 아버지의 삶이 고통스러운 것도 사실입니다.
여자는 울면서 스트레스를 해소할 수 있을지 모르지만
남자는 의지로 해결해야 합니다.

비록 삶이 복잡한 상황의 연속이요
고뇌해야 할 갈등의 연속일지라도
남자가 감내해야 할 운명이라면 이겨내야 합니다.

최강의 무장대대 장병은
의지와 신념으로 뭉쳐진 정예 무장전사들이지만,
절대로 그럴 리는 없지만,
잘 살펴보아야 합니다.
주변 전우 중에 **갈등하는 사람**이 없는지
쓰러지려고 비틀거리는 사람이 없는지

혹시 있다면 붙들어 주어야 합니다.
비록 오늘은 내가 붙들어 주지만
내일은 그가 나를 붙들어 줄 일이 생길지도 모릅니다.

언제나 멈추지 않고 전진하는 무장대대 파이팅!
뜨거운 가슴으로 통하는 무장전사 파이팅!

열
 나이

사람이 살아가면서 때에 따라서는 앞으로 나아갈 때가 있고 어떤 때는 뒤로 물러설 때도 있지만, 내 사전에 후퇴란 없다 오직 전진뿐이라고 외치며 오로지 나아가기만을 고집하는 것이 있습니다. 바로 나이입니다.

사람들이 살면서 느끼는 감정은 몸을 떨리게 할 정도의 기쁨이나 가슴이 찢기는 듯한 아픔, 온몸이 폭발할 듯한 분노, 날아갈 듯이 상쾌한 즐거움, 전신을 휘감아 도는 전율적인 감동, 머리칼이 쭈뼛해지는 공포, 좌절과 절망, 재기와 희망 등 여러 가지지만 그런 사람들의 마음과는 관계없이 또는 인격이나 인생의 성패와도 관계없이 누구나 공평하게 늘어만 가는 것, 결국은 죽음에 가까이 접근해 가는 과정이지만 누구도 피할 수 없는 숙명, 정확히

일 년마다 나이가 드는 것입니다.

　어려서는 나이를 빨리 먹고 싶을 때도 있었습니다. 한 살이라도 많이 먹어야 대우받는 동양의 전통적인 가치관인 장유유서를 논하지 않더라도 어느 정도 나이가 들어야 할 수 있는 일이 많고 좀 더 자유로운 삶을 살기 위해서였습니다.

　언제부터인가 나이 드는 것이 싫어지고 조금이라도 젊어지고 싶어지는 때가 있습니다. 현재 영내 병사들은 아니겠지만, 대다수 간부가 느끼는 심정이 아닌가 생각합니다.

　젊은이이야 그렇다 치고 30대 40대가 되어도 나이를 계산하는 사람이 있습니다. 그는 바보입니다. 남이 먹기 싫어하는 나이를 먹은 것을 자랑스러워하는 그는 아마 바보일 겁니다. 유년 시절에는 한 살 차이면 육체적인 면이나, 정신적인 면이나, 지식적인 면에서 많은 차이가 납니다. 그래서 상당히 많은 차별 대우를 받게 되지요. 하지만 성인이 되면 다릅니다. 나이 차이는 의미가 없습니다. 누구나 각기 소중한 인격체로서 그 사람의 나이에 따라 대접받는 것이 아니라 그 사람의 인격이나 능력에 따라 대접받게 마련이지요.

　대통령이 나이가 많아서 하고, 단장이나 참모총장을 나이가 많아서 하는 것은 아닐 것입니다. 아니 오히려 많은 나이는 짐이 됩니다. 상관은 나이 많은 부하를 싫어하게 됩니다. 자신보다 나이 많은 사람을 부려먹기도 가르치고 이끌어 가기도 부담스럽기 때문입니다. 동료는 나이 많은 동료를 싫어합니다. 같이 입사나 입대한 동기라도 나이가 많다는 것을 알게 되면 함부로 말하기가 거북하고 그렇다고 한두 살 많은 동기에게 꼬박꼬박 존댓말 하기도 자존심이 상하기 때문입니다. 결국, 함께 어울리지 못하고 왕따를 당하게 되지요.

유일하게 부하만큼은 나이 많은 상관이 편할 수도 있지만, 그것은 순간일 뿐입니다. 좋은 관계를 유지할 때는 충성을 다 하겠지만, 사이가 틀어지거나 의견이 상충 되면 세대 차이가 난다는 말 한마디로 돌아섭니다.

물론 어쩔 수 없이 먹는 나이를 부정할 수는 없지만, 성인이 되는 순간 제일 먼저 잊어야 할 것이 나이고 나이에 대한 정당한 대우입니다. 모 대대에서 늦게 군에 입대하여 동료들과 부대에 잘 적응하지 못하고 고민하다가 휴가 후, 귀대하지 않았다는 이야기를 들었습니다.

마음이 아픕니다. 나이에 대한 잘못된 이해를 한 그가 안타깝고, 나이에 대해 정확한 이해를 시킬 수 없었던 것이 안타깝습니다. 대대장이 필승 구호를 외치는 선배 장교들이 대대장보다 모두 나이가 많을까요? 또 많은 부사관이 기수에 따라 반말하고 존댓말하고 인사하는 것이 나이 때문일까요?

회사에 먼저 입사하면 선배가 맞고 군대에 먼저 입대하면 선임이 맞습니다. 당연히 선배님이라고 호칭해야 하며 선임 대접을 해야 합니다. 그것은 부당한 요구가 아니라 정당한 요구입니다. 그 요구가 부당하다고 생각한다면, 당신은 사회에 적응이 어려운 사람입니다. 결국은 따돌림을 받다가 인생에서 쓴맛을 보고 도태되 겠지요.

사람은 사람에게 사랑받아야 행복해질 수 있다고 하였습니다. 자신이 타인에게 사랑받기 위해서, 그리고 자신의 행복을 위해서 도 나이라는 것을 완전히 망각해야 합니다. 나이가 적은 선배나 선임에게 깍듯한 예의를 갖출 때 그도 비록 나이 많은 후배라도 최대한의 사랑을 주겠지요.

어쩔 수 없이 알게 되었거나 우연히 아는 것은 어찌할 수 없다 하더라도 본인이 먼저 많은 나이를 이야기하고 나이에 맞는 대우 를 요구한다면 단언하건대 절대 성공할 수 없습니다. 최고최강의 무장대대, 정예 무장전사들은 절대 그런 일이 없을 거라고 확신하 지만, 혹시 아직도 나이에 대한 미련이 있는 사람들은 이 순간부 터 잊으십시오. 사랑받아야 하니까, 행복해야 하니까, 성공해야 하니까.

전진하는 무장대대 파이팅!
도전하는 무장전사 파이팅!

2005. 6. 13.(월)

열하나

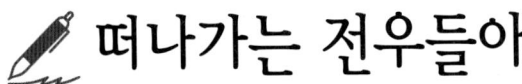 떠나가는 전우들아

이제 머지않아 헤어져야 하는 사람들, 지난 수년간 생사고락을 함께하다 공군의 정책에 따라 떠나가는 전우들이 있습니다. 인생사라는 것이 기쁨이 있으면 슬픔이 존재하고, 즐거움이 있으면 노여움이 존재하며, 만남이 있으므로 헤어짐이 있다는 것은 누구나 다 아는 사실이지만, 그래도 또한 사람인지라 서로에게 아쉬움이 남습니다.

어디에서도 임무는 하나, 조국 대한민국의 안보를 위한 영공방위를 위하여 무장전자정비 분야의 일을 하기에 아쉬움을 떨쳐 버리고 잘 가라고 인사는 하지만, 그동안 쌓인 정이 뜨거운 전우애로 승화되었기에 가슴 한구석이 허전해지는 것은 어쩔 수 없나 봅니다.

제 ○○전투비행단을 위하여, 그리고 최고최강의 무장전자정비대대 건설을 위하여, 불철주야 노심초사했던 열네 명의 전우들이 떨어지지 않는 발걸음을 옮겨야 합니다. 모두가 원하지 않았기에 가야 하는 사람들, 다른 사람이 원하지 않는 일을 자원한 그들은 진정 불타는 전우애를 함양한 대한 남아입니다.

특히 직업군인인 장교나 부사관과 비교하면 단기 복무를 하는 병사의 경우에는 군 복무 중 다른 기지로의 전속이 거의 없어 당사자의 새로운 환경에 대한 두려움이 존재할 것이기에 병사 전우들을 떠나보내는 대대장의 감정도 새롭습니다.

하지만 대대장이 교육사에서, 그리고 정신교육 시간에 또는 전입 면담시간에도 이야기하였지만, 젊어서 고생은 사서도 한다고 하였고, 할 수 있는 한 해 볼 수 있는 것은 모두 해 보는 것이 사고의 확장과 생각의 틀을 변화시키고, 긴 인생에 중요한 밑거름이 될 것입니다. 대대장이 단언하건대 결코 후회하는 일은 없을 것입니다. 여러 번 강조해서 말했지만, 처음 입대할 때 비슷한 또래에 비슷한 능력이었던 사람이 군 생활하면서 생각하고 처리하는 능력에 차이가 생기는 것은 바로 흐르는 물과 고인 물의 차이입니다. 잦은 이사로 삶은 피곤할 수 있지만, 새로운 환경에 적응하기 위해 노력하는 과정에서 수많은 자기발전과 성장이 있습니다. 사람은 어떤 환경에도 적응할 수 있는 능력이 있습니다. 특히, 최고 최강의 무장전사임에랴!

두려워하지 마십시오. 목표가 보이고 장애물이 보이면 제일 먼저 돌격하라고 했습니다. 목표나 장애물에 먼저 도착한 사람이 먼저 돌파합니다. 인생에 지름길이나 왕도는 없습니다. 대대장은 믿습니다. 대대장과 함께했던 사람들이 어느 곳에서 어떤 일을 하더라도 최상의 성과를 거둘 것을, 투명한 영혼과 반듯한 정신과 단단한 육체를 소유한 무장전사의 앞을 가로막을 장애물은 존재하지 않는다는 것을.

이제 떠나가는 전우들의 이름을 불러봅니다.

우람한 체격과 괴력을 소유한 대한의 최고 장교를 부르짖는 거대한 곰 202 무장지원 중대장 김○○ 중위,

못지않은 체격으로 화력을 자랑하는 김○○ 중사,

화력도 화력 나름이다. 깡다구를 자랑하는 백○○ 하사,

체력보다는 정신력이라는 뜨거운 열정의 소유자 안○○ 하사,

무장대대의 지존을 자랑하는 백○○ 병장,

멋진 외모만큼이나 반듯한 정신을 소유한 이○○ 병장,

고향을 사모하여 고향을 찾는 이○○ 병장,

작열하는 태양 아래가 사나이의 고향이라는 장○○ 병장,

언제나 맨 앞에서 돌격하기를 주장하는 이○○ 상병,

거대한 백두산 호랑이가 되겠다는 김○○ 상병,

향기로운 영혼으로 세상을 밝히겠다는 김○○ 상병,

무장임무 지원에는 가장 상수라는 이○○ 상병,

두려움 없이 전진하는 대한민국 머슴아 황○○ 상병,

뒤처리는 내 몫이라는 막내 전우 이○○ 일병,

그대들은 최강의 전투비행단 제 ○○전투비행단에서도 최고의 대대 무장전자정비대대의 정예 무장전사임을 항상 명심할지니, 그곳 사람들에게 아름다운 영혼의 향기와 강인한 정신을 전할 것이며, 외모는 항상 단정하고 깔끔하게, 행동은 씩씩하고 당당하고 늠름하게, 태도는 당당하면서도 거만하지 않고 겸손하면서도 비굴하지 않게, 처음 도착할 때의 마음가짐을 한결같이 유지할 것이며, 목표를 보면 거침없이 추호도 망설임 없이 전진하고, 물러날 때는 그대들의 이름이 뭇사람들의 가슴속 깊이 새겨지도록 해야 할 것이오. 그것이 그대들이 사랑하는 조국 대한민국의 이름을 빛내는 것이요, 그대들의 군 생활의 고향 ○○비의 명예를 드높이는 길임과 동시에 천상천하 최고최강의 무장전사임을 드러내는 길임을 깨달으시오, 명심하시오.

그대들 떠난 빈자리는 남아 있는 전우들이 빈틈없이 채울 것이지만, 항상 그대들이 머물렀던 자리는 귀관들이 있었던 현재와 같이 그대들의 모습으로 기억할 것이고, 공간상으로는 멀리 떨어져 있어도 늘 영혼은 함께 할 것을 믿으시오.

전우들 인생의 먼 장도에 항상 영광과 행운과 행복이 함께하기를 남은 무장전사는 진심으로 빌 것인바, 가슴속에 품은 꿈을 반드시 이루고 청사에 그 이름을 길이 새기기를.

뜨거운 전우애에 불타는 무장전사 여러분! 안녕히 가시오. 대대장이 대표로 인사하겠습니다. 필승!

2005. 8. 17.(수)

열둘

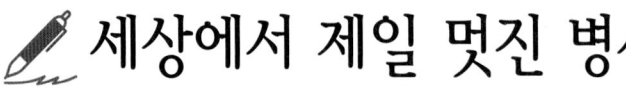 세상에서 제일 멋진 병사

그제 부대 이동계획에 따라 무장대대에서도 ○○○무장중대장을 비롯한 열 명의 영내 병사도 수송기를 타고 ○비로 떠났습니다. 직업군인으로 생활하는 장교나 부사관과는 달리 한 번 입대하면 거의 한 기지에서 군 생활을 마치는 영내 병사는 전속이라는 개념도 낯설지만, 기본군사훈련이나 기술학교 특기 교육 시에 연고지 근처의 부대에 배속받고자 열심히 공부하였는데, 그래서 겨우 연고지에 배속받아 열심히 살고 있었는데, 공군의 정책에 따라 갑자기(?) 삶의 터전을 옮겨야 했습니다.

전속을 원하는 사람은 없었습니다. 하지만 떠나간 우리 병사들은 모두가 자원한 사람들이었습니다. 아직 ○○비에도 적응하지 못한 일병이나 이병이 가게 되면, 그곳의 고참들에게 더욱 고생할 것이라면서 병장, 상병이 자원하여 떠났습니다. 떨어지지 않는 발걸음이지만, 정든 고향 땅을 뒤로하고 낯선 타향으로 떠나갔습니다.

후임을 위하여 싫은 일을 솔선하여 실행한 그들은 남자입니다. 피 끓는 전우애를 간직한 사나이입니다. 비록 지금은 원하지 않는 전속이겠지만, 결코 후회하거나 실망하지는 않을 것입니다. 새로운 땅, 새로운 환경에서 배우고 깨닫는 것이 있을 것이고, 아마 있을지도 모를 사소한 난관이나 역경을 극복할 것이기에, 그러면서 더욱 강하게 성장할 것이기에.

떠나간 병사 중 최선임인 이○○ 병장이 대대 홈페이지에 남긴 글을 소개합니다.

어제는 관물함에 있는 짐을 하나둘씩 더블백에 정리했습니다. 2년 남짓, 길다면 길다고도 할 수 있는 시간 동안 제가 썼던 물건들, 내무생활의 추억을 떠올리게 하는 물건들, 하나둘씩 정리하고 있자니 감회가 새로웠습니다.

재작년 기술학교에서 자대로 막 배치받았을 때가 생각납니다. 처음 접하는 낯선 환경에 많이 당황하고 애를 먹었었는데 어느덧 시간이 흘러 병장이란 계급장을 달고 내무실장이란 큰 임무를 맡아 후임들을 돌보고 있는 자신을 돌아보면서 그동안의 시간이 헛되지 않았단 생각이 듭니다. 힘든 일도, 즐거운 일도 있었지만, 그 모든 경험이 저를 더욱더 성장하게 하였고, 강한 자신감을 가질 수 있었다고 한 치의 망설임 없이 자신 있게 말할 수 있습니다.

그렇기에 새로운 것에 도전하는 이 순간에도 두렵지 않습니다. 그동안 부족한 저를 많이 아껴 주시고 도와주신 모든 분께 진심으로 감사하단 말을 하고 싶습니다. 그동안 동고동락했던 전우들의 마지막 모습을 보지 못하고 이렇게 떠나게 돼서 아쉽기도 하지만 무장대대의 자랑스러운 선임, 후임 모든 병사, 제대하는 그 날까지 건강한 모습으로 멋지게 제대했으면 하는 바람입니다.

비록 ○전투비행단에서 새로운 생활을 시작하겠지만 마음만은 언제나 ○○비 무장대대를 응원하고 있을 겁니다. 화끈하시고 언제나 병사들을 생각해주시는 대대장님을 비롯한 최고를 자랑하는 우리 무장대대의 모든 일원에게 이별을 고하자니 전역을 앞둔 제대 병장이 된듯한 안타까운 마음을 감추기 힘들지만, 그래도 함께 가는 전우들이 있기에 더욱더 힘이 나고 용기가 생깁니다. 언제까지나 건강하시고, 행복하세요. 필승!

2005. 8. 25.(목)

열셋
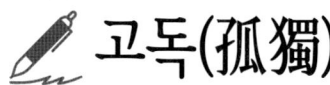 고독(孤獨)

세상이 나를 알아주지 않는다고 해서 슬퍼하지 마십시오.
세상은 그대를 위해 존재하는 것이 아닙니다.

목표했던 일이 이루어지지 않았다고 해서
괴로워하거나 노여워하지 마십시오.
누구나 목표했던 일이 이루어지는 것은 아닙니다.

그리고, 작은 성과가 나타났다고 해서
지나치게 기뻐하거나 자만하지 마십시오.
그것은 그대의 역량이나 노력에 의한 것일 수도 있지만
우연이나 하찮은 행운의 결과일 수도 있습니다.

사람들이 살아가면서 성공이라는
신기루를 잡기 위해 노력하지만
사람들이 가지고 있는 성공이라는 의미는 다릅니다.
한 줌도 되지 않는 권력이라는 것을 손에 잡고
거칠게 휘두르는 사람들이 있습니다.

자신은 그것이 성공의 결과물이라고 생각할 수 있지만
다른 사람은 그렇게 생각하지 않는 착각일 따름입니다.

그대가 장교나 부사관이라면
현재의 위치에서는 상대적으로 우월한 권한을 가지고 있지만
그 자체로 남보다 우월한 것은 아닙니다.

고독할 때 머리를 떨구기보다는 하늘을 보고
강자에게는 아부보다는 도전이 필요하며
약자에게는 겸손과 양보가 더욱 필요합니다.

길을 가다 보면 수많은 장애물이 나타나게 마련이며
때로는 자신의 능력으로 해결할 수 없을 때도 있습니다.
인간이 고독해지고 괴로워하는 요인이지요.

당시에는 세상에서 가장 불우하고 불행한 것이

자신으로 여겨지지만
좀 더 멀리 가고 나서 뒤돌아보면
누구에게나 닥치는 사소한 일이라는 것을 알게 될 것입니다.

세상에서 가장 별이 많은 곳이 예천의 밤하늘이지만
그 많은 별 중에
자신의 것이 보이지 않는다고 낙담하지 마십시오.
당장은 보이지 않지만
우리의 눈이라는 것도 그다지 신뢰할 게 못 됩니다.
사람들이 볼 수 있는 별이 있는가 하면
그렇지 못한 별도 무수히 많습니다.

설령 자신의 별이 없다고 하더라도 슬퍼할 필요는 없습니다.
자신의 의지나 노력으로 이룰 수 없더라도
괴로워할 필요는 없습니다.
일은 사람이 벌이지만 성패는 하늘에 달려 있다고 하였습니다.
그대의 역량이나 열정이 부족한 것이 아닐 수도 있습니다.

그리고 보이지 않는 그대의 진정한 별은
영원히 멈추지 않고 달려갈 그대의 마음속에 감춰져 있습니다.
'꿈(★)은 이루어진다.'라는 그 꿈이 바로
영원히 찬란하게 빛날 당신의 별입니다.

삶이 아무리 고단하여도
맑고 투명한 영혼과
정직하고 반듯한 정신을 소유한 우리 무장전사들이
슬퍼하거나 괴로워하거나 노여워하지 않고
모든 역경을 극복하면서
꿋꿋하게 전진하는 삶을 살기를 바랍니다.

한결같은 무장전사 파이팅!
전진하는 무장전사 파이팅!
극복하는 무장전사 파이팅!
성공하는 무장전사 파이팅!

2005. 9. 9.(금)

열넷
전대 체육대회를 마치고

'정예 무장전사, 최강의 무장대대' 무장대대를 나타내는 현수막 문구입니다. 의미는 좋은 말이지만, 실제로 실천하기는 쉽지 않지요. 그러나 무장전사이기에 무장대대이기에 그 말을 실천할 수 있습니다.

탄약 관리 실태 점검에 대비하느라 준비과정에 소홀했고, 행사일에는 국가기술검정시험에 응시하느라 다섯 명이 빠졌으며, 원래도 인원수에서는 다른 대대에 미치지 못하지만, 특유의 단결력으로 정예 무장전사들이 또 해내었습니다.

준비 기간이 짧았고, 전 종목 예선을 통과하고 결승에서 분루를 삼켜야 했던 지난해의 악몽이 떠올라서 조금은 불안한 마음으로 맞은 군수전대 체육대회, 그러나 역시 정예 무장전사였습니다. 무장대대 사람 모두 말입니다.

　축구와 족구, 소프트볼 등 구기 종목을 석권하였습니다. 몇 주 전부터 체육대회 준비를 주관하느라 노심초사한 주임원사, 바쁜 일과 중에도 무장의 영광과 명예를 위하여 솔선하여 선수들과 땀을 흘린 감독관님, 그리고 몸이 가루가 되도록 뛰고 또 뛴 각 종목 선수들, 목이 터지도록 응원했던 모든 대대원, 그들의 갈망이 있었기에 승리할 수 있었습니다.

　그것은 승리에의 욕구일 뿐 아니라 생존에의, 삶에 대한 강한 의지였습니다. 강한 자가 살아남을 수 있다는 사실을 잘 아는 무장전사였기에, 체육대회에서도 응원에서도 최고였던 무장전사들은 뒤풀이에서도 당연히 최고였습니다. 단장님 앞에서 불렀던 '무장가'는 사나이의 가슴을 울렸습니다. 대대장도 울었고, 단장님도 울었습니다. 전 대대 병사가 직접 단장님에게 술잔을 받은 일은 아마 이번이 최초가 아닐까 생각합니다.

　그들은 대대장이 사랑하는 남자들이었습니다. 언제나 강한 용기와 지칠 줄 모르는 열정을 강조한 대대장의 말을 실천한 진정한 용사들이었습니다.

　오늘 제대하는 날임에도 마지막까지 동료 후배 전우들의 모습을 보고자 참석하여 '무장가'를 진두지휘한 예비군 마크를 단 류○○ 병장, 운동으로 지치고 술에 취한 상태였지만 늠름한 모습으로 박력 있는 목소리로 행사장을 압도한 병사들, 그리고 울렁이는 가슴으로 자랑스러운 무장전사를 지켜보았던 현장에 있던 모든 간부 여러분, 대대장은 주변에 있던 지휘관 참모에게 물었습니다.

"당신이 대대장이라면 저런 사람들을 사랑하지 않겠느냐?"

대대장이라서 대대원을 사랑하는 것이 아니고, 사랑스럽기에 사랑할 수밖에 없게 만드는 사람들, 대대장은 너무 사랑합니다. 우리 무장전사들을.

이렇게 자신을 희생하고, 주변 사람과 단합하고, 조화롭게 살아가는 법을 배운 진정한 군인 무장전사들은 대대장이 누가 오더라도, 어떠한 선배나 동료, 후배와 함께 지내더라도, 그리고 사회에 나가서도 현재의 마음과 정신을 끝까지 유지하여 사람들을 사랑하고, 경쟁에서는 이기는 승리자로 살아가시기를 소망합니다.

2005. 11. 3.(목)

열다섯
 서늘한 한여름

안녕하십니까? 움츠러든 남자, 이상도 열정도 사그라드는 남자, 그래도 겉으로는 늘 큰소리치는 대대장입니다.

흐릿한 하늘에 찌는듯한 더위는 가슴이 아픈 무장전사들의 마음을 표현하는 듯합니다. 막 단장님을 뵙고 나왔습니다. 가슴이 아픕니다. 잘살아보려고 노력하는 사고자의 앞날을 생각하면, 최강의 비행단 건설을 위하여 노심초사하시는 단장님을 생각하면, 부하들의 앞날을 진정으로 걱정하시는 전대장님을 생각하면, 그리고 가진 능력이나 역량은 부족하지만 멋지게 대대장을 하고 싶었던 자신의 처지를 돌이켜 보면.

저녁에 교육하겠지만, 교육계획을 보시던 단장님의 한마디가 가슴을 찌릅니다.

"교육하면 뭐하냐?"

그렇습니다. 교육은 불필요할 수도 있습니다. 대다수 사람에게는 그렇겠지요. 하지만 단 한 명이라도 무언가 깨닫는 것이 있고 앞으로의 삶에 도움이 될 수 있다면 얼마든지 하겠습니다.

사랑하는 무장전사 여러분, 염천하에서 조국의 아름다운 창공을 지키기 위하여 청춘을 불사르는 무장전사 여러분, 여러분도 가슴이 아프지요? 아마 아플 것입니다. 일한 만큼 대접받지 못하고 주변 사람들의 따가운 눈초리를 느껴야 하는 여러분 모두 마음 한 구석이 서글플 것입니다. 아마 어떤 사람들은 마음속으로 그럴 것입니다.

"짜아식들, 그러면 그렇지. 제까짓 것들이 하긴 뭘 해?"

그럴 리는 없겠지만 어떤 사람은 속으로 기뻐할지도 모릅니다. 타인의 실패나 실수는 상대적으로 자신을 높인다고 생각하는 모자란 사람들이 존재하기 마련이지요. 그런 사람들에게 그런 생각을 할 빌미를 제공한 것을 생각하면 마음이 아픕니다. 아무런 사건 사고로 비화 되지 않을 사소한 것을 처음 잘못 처리하여 이렇게 커졌습니다. 덕분에 무장대대도 비행단도 한 건의 사고가 늘었지요.

세상의 모든 사건 사고가 강 건너 불구경하듯 보고만 있을 일이 아닙니다. 언젠가 누구에게나 닥칠 수 있는 일이지요. 사건 사고를 일으키지 말아야 하겠지만 우연히 발생하더라도 해야 할 일을 잘 조치하면 문제가 되지 않을 수도 있습니다. 바로 교육이 필요한 대목이지요. 감독관님이나 선임부사관이 늘 하는 교육이 마음에 들지 않고 짜증이 나겠지만 심혈을 기울여 들어야 합니다. 위험한 상황이나 위기에서 적절하게 탈출하려면.

이제 일 년의 절반이 지나갑니다. 아직도 무사고를 기록하며 당당하게 살아가는 사람들은 자신으로 인하여 중대의 명예에 누가 되지 않도록 더욱 노력해 주시고, 이미 사고가 발생한 중대원은 지나간 아픔일랑 잊어버리고 다시 출발해서 언젠가 앞서가는 중대를 추월하여 역전승의 감동을 맛보시기 바랍니다.

욕심이 많은 대대장인지라, 10년 후에 다시 찾아오면 중대별로 천일 3천일 무사고 기록을 이어가는 것을 보았으면 합니다. 언젠가도 이야기하였듯 전통을 세우는 것은 매우 어렵고 힘이 들며, 긴 세월이 필요합니다. 하지만 한 번 세운 전통은 쉽게 허물어지지 않으며, 사람들의 마음속에 강한 자부심과 자긍심을 갖게 합니다.

천상천하 최고최강을 자랑하는 강력한 무장전사 여러분, 현재를 시점으로 하여 앞으로 오게 될 많은 후배 자식들에게 귀관이 머물렀던 찬란하게 빛나는 자리를 물려줄 수 있도록 강한 중대, 사고 없는 중대를 만들어 가기 바랍니다. 비가 오나, 눈이 오나, 바람이 불어도 영원히 가슴속에 살아 숨 쉬는 '무장'이란 두 글자가 찬란하게 빛나기를 소원합니다.

위기에 강한 무장전사 파이팅!
난관에 굴하지 않는 무장전사 파이팅!

당당하게 전진하는 무장전사 파이팅!
거침없이 질주하는 무장전사 파이팅!

2006. 6. 28.(수)

열여섯
🖊 사고 발생 후 대대원에게

대대장으로 부임해서 여섯 번째로 보낸 전자우편의 내용을 기억하십니까? 바로 '소중한 존재'라는 내용이었습니다. 편지를 보낸 이유는 딱 하나, 과거에 힘들게 살아왔으나 모든 역경을 극복하고 당당하게 오늘을 살아가는 천상천하 최고최강 정예 무장전사들이 혹시라도 잘못된 생각으로 세상을 포기할까 봐, 그것을 예방해야 하는 것이 대대장의 첫 번째 주요한 임무라고 생각되었기에 대대장의 과거 경험을 예로 들어 편지를 썼었습니다.

물론 대대장을 포함해서 모든 대대원이 과거에 고통스럽게 살아왔고, 현재도 고통스럽게 살아가고 있으며, 미래에도 고통스럽게 살아가야 할 것을 익히 알고 있지만, 인생에 항상 고통이나 슬픔만 존재하는 것은 아닙니다. 때로는 격렬한 쾌감과 감격을 느낄 때도 있으며 절정의 환희와 행복을 느낄 때도 있습니다.

폭염 뒤의 가을이 우리를 편안하게 하고 행복하게 하듯이 많은 고난이나 고통으로 그 끝에 찾아오는 희열이 더 클 수 있습니다. 여러분과 마찬가지로 대대장도 죽음을 생각한 적이 여러 번이었으나 현재는 아무리 지독한 고통이 오더라도 이겨내며 살아갈 자신이 있습니다. 절대로 스스로 죽지는 않을 것입니다.

살아있는 것이 가장 행복했던 기억이 바로 2002년 6월이었습니다. 정말로 죽지 않고 살아있기를 잘했다고 생각이 되었지요. 지금도 그때를 생각하면 목메고 가슴이 벌렁거리며 눈가에 이슬이 맺힙니다. 사랑하는 조국 대한민국의 영광을 위하여 전 국민이, 남녀노소 구분 없이 모두가, 그렇게 열심히 응원하고 기도하지 않았습니까? 모두가 한마음 한뜻으로. 그 어떤 것보다도 가슴 벅찬 희열을 안겨주었던 2002년의 붉은 함성만 기억하더라도 살아야 하는 충분한 이유가 되었습니다. 다시 한번 대대원에게 육성으로 교육하지 못하더라도 제발 죽지 말고 오래오래 당당하고 멋지게 살아가기를 기도합니다.

개인적인 일에 몰두하다가 어떤 일로 인하여 다시 본연의 모습으로 돌아왔습니다. 세상에서 제일 무장대대를 사랑하는 원래의 대대장 모습으로 말입니다. 비록 대대장의 인생에서 상당히 중요하다고 할 수 있는 진급 시즌이지만 가족이나 대대원의 생명에 비하면 말할 가치도 없는 하찮은 일이지요.

혹한과 폭염을 뚫고 오늘도 당당히 전진하는 자랑스러운 무장전사 여러분! 사랑하는 무장전사 여러분! 각자의 인생에서 가장 멋진 주인공으로, 모두가 환호하고 찬사를 보내며 부러워하는 멋진 주인공으로 살아가기 바랍니다.

늠름하고 당당한 무장전사 파이팅!
강한 군인정신의 무장전사 파이팅!
영혼이 아름다운 무장전사 파이팅!

소중한 존재

여러분! 여러분은 여러분이 소중한 존재라는 것을 알고 있습니까? 여러분은 세상에서 그 무엇과도 바꿀 수 없는 소중한 존재입니다. 저를 포함해서 장교나, 부사관, 병, 군무원 등 신분에 무관하게, 대학 졸업이나 도시, 농촌, 어촌, 산촌 등 출신 지역 구분 없이, 신체상의 장·단점 두뇌의 우수성과 관계없이 말입니다.

저는 그런 사실을 서른을 넘어서야 깨달았습니다. 너무 멍청한 놈이었죠. 사실 자라면서 제가 귀중하다고 느껴 본 적은 한 번도 없었습니다. 충청도 두메산골 빈농의 8남매의 다섯째로 태어나 부모님께 안겨본 기억도 없고, 먹고 싶은 걸 마음껏 먹어보지도 못했습니다. 아버지 또는 어머니 품에서 재롱도 부려보지 못했지요. 돌이켜 생각해 보니 형제간에 싸우면서 경쟁과 질서라는 것을 배운 것이 그나마 다행이었다고 생각됩니다.

공부도 잘하는 편이었고 반장도 했지만, 초등학교 시절 가장 가슴 아팠던 추억은 중학교 진학희망자를 파악할 때 한 번도 손을 들어보지 못한 것이었습니다. 왜냐하면, 위의 형이나 누나 중 한 명도 중학교 졸업을 한 사람이 없었기 때문에 당연히 저도 진학할 수 없다고 생각했던 겁니다.

의무교육으로 바뀌어 어찌어찌 중학교에 갔지만, 고등학교는 정말 상상할 수 없었습니다. 하지만 다행히도 국가에서 운영하는 특수학교가 있어서 진학할 수 있었습니다. 대학도 마찬가지였죠. 유명하지 않은 고등학교 대학교지만 제가 사랑하는 이유입니다. 유일하게 저에게 학업을 할 수 있게 한 고마운 학교지요.

고등학교, 대학교 때 집에서 용돈을 타다 쓸 수가 없었습니다. 그래서 대학교 때는 하루평균 한 끼 반 정도로 버티었습니다. 제가 좋아하는 정신력으로. 그리고 방학 때는 노동으로 돈을 벌었습니다. 데이트니 뭐니 하는 것은 꿈만 같은 일이었습니다. 밥도 굶고 사는 마당에 한잔에 천 원씩이나 하는 커피를 마시면서 데이트할 수 있겠습니까? 대학교 때 아쉬운 것이 있다면 바로 이 부분이었습니다.

대학을 졸업하고 소위로 임관하니까 경제적인 문제는 모두 해결되었는데, 이성을 사귈 기회가 거의 없더군요. 고등학교 선배와 형수가 여러 차례 소개하여 주었지만, 저는 번번이 퇴짜를 놓았습니다. 지금도 그런 면이 없는 것은 아니지만 저는 예쁜 여자가 좋았거든요. 사실 그때는 사람을 사랑하거나 인권 같은 것을 중요시하지 않았습니다. 여자는 예뻐야 한다는 신념을 가지고 있었고, 남자는 강하고 똑똑해야 한다고 믿었습니다. 당연히 그렇지 못한 사람은 싫었습니다.

저에게 이성을 소개해 준 형수가 저에게 핀잔을 주더군요. '가진 것은 쥐뿔도 없으면서, 뭘 그렇게 사람을 고르냐'고요. 그때 옆에 있던 선배가 '남의 집 귀한 자식에게 왜 그러느냐?'고 하였지만 나는 그 말을 믿지 않았습니다. 자신이 귀하다는 생각을 한 번도 해 보지 않았기 때문입니다. 그냥 대충 살다가 때가 되면 죽는다, 뭐 이런 식이었지요.

이렇게 저는 어떤 측면에서는 불우하게 살아왔습니다. 여러분도 조금은 이해하겠지요? 제가 별 볼 일 없는 허술한 놈이라는 것을, 귀하지 않게 생각해도 이해가 된다는 것을. 서른 살이 되어서야 부랴부랴 결혼했습니다. 제 분수를 깨닫기도 하였고, 같이 놀 친구가 없어서였습니다.

옛말에 장가를 들어야 어른이라는 말이 있습니다. 정말 살면서 느끼는 것이지만 옛말이 그른 것이 하나도 없더군요. 결혼 후 1년도 채 안 되어 저는 귀여운 딸을 낳았지요. 너무나 신기했습니다. 사실 잘 생각해 보면 결혼 전에도 생명의 신비를 알 수도 있었으나, 별 관심이 없었기 때문에 막연히 그럴 거라고만 생각했던 거지요.

막상 내가 자식을 갖게 되니까 경이롭다는 느낌밖에 없었습니다. 아들이냐, 딸이냐 하는 것은 전혀 문제가 되지 않았습니다.

지금 생각해 보면 다른 아이와 비교해서 특별히 예쁘거나 하지는 않았습니다. 그런데 그렇게 예쁘고 귀엽게 보일 수가 없었던 거죠. 정말 꼴뚜기도 제 자식은 예쁘게 보인다지요. 그야말로 보듬고, 업어주고, 안아주고, 기저귀 갈아주고, 목욕시켜주고 평상시 생각지도 못했던 것들을 거침없이 할 수 있었습니다.

첫 딸 아연이에 이어 둘째인 상연이, 셋째 혜연이까지 세 아이의 아빠가 되었지만, 애를 키우면서 가장 가슴이 아팠던 기억은 말을 하지 못하는 돌 무렵까지 애가 아파서 울 때였습니다. 십중팔구는 배가 고프거나, 목이 마르거나, 뒤를 보았거나, 졸리거나 해서 울지요. 그런데 그런 것들을 모두 충족시켜 주어도 계속 울 때는 어딘가가 불편하거나 아파서인데, 어디가 어떻게 아프다고 말하지 못하니 답답하고 가슴이 아팠습니다.

어떻게 아프냐고요? 가슴이 미어지는 듯하기도 하고, 가슴을 도려내는 듯하기도 합니다. 아마 실연을 당해본 사람은 느껴 본 그런 느낌이지요.

한번은 큰딸이 침대 위에서 떨어져서 심하게 운 적이 있었습니다. 그런데 그칠 때도 되었건만 계속 우는 것이었습니다. 그래서 만세를 불러 보라도 하였습니다. 한 손만 번쩍 들더군요. 지금 생각해 보면 웃음이 나옵니다. 한번 생각해 보세요. 이것저것 시켜 보는데, '만세' 하라는데 한 손만 번쩍 드는 모습을. 하지만 그때는 깜짝 놀라서 대전 시내 전체를 뒤져서 병원을 찾았습니다. 왜 그렇게 병원이 없고, 당직병원이 발견되지 않는지, 간신히 찾아서 진찰해보니 다행히 부러지거나 팔이 빠진 것은 아니고 근육이 놀라서 그렇다는 것이었습니다. 그렇게 한바탕 소동을 부리고 나니 벌써 새벽 세 시가 가까워지더군요. 그러면서 깨달았습니다. 아!~ 내가 소중한 사람이구나, 형제가 많다고 해도 한 사람, 한 사람 모두 소중한 사람이구나, 내게 기억은 없지만 나도 어렸을 적에 이렇게 부모님이 키워주셨구나…….

군사훈련 받던 시절 선배에게 비인간적인 대우를 받았을 때, 젊어서 실연당했을 때는 죽으려는 생각도 심각하게 했었습니다. 실제로 저의 붉은색 프라이드를 몰고 서해안 바닷가까지 간 적도 있었지요. 그때는 정말 다른 생각이 들지 않더군요. 쪽팔리고, 세상 모든 것이 싫고, 그 어떤 위로의 말도 귀에 들어오지 않았습니다. 부모님이 그러더군요. '병신'이라고.

자살하려고 하니 지나온 인생이 주마등처럼 떠올랐습니다. 이 세상에 별 볼 일 없는 놈이니 나 하나 죽는 것은 별로 안타깝지 않았습니다. 그렇지만 어머니의 영상이 떠오르자 주체할 수 없이 눈물이 흐르더군요.

내 기억에 한 번도 쌀밥을 먹어보지 못한 어머니, 늘 꽁보리밥이나 눌은밥과 먹다 남은 찌꺼기가 어머니 몫이었지요. 새벽에 일어나셔서 밥해놓고 품앗이 나가셨다가 밤 9시가 넘어서야 돌아오시던 어머니, 그제야 설거지하고 밀린 빨래하고 늘 12시가 넘어서야 잠이 드시던 어머니, 손발이 소 엉덩이의 똥 딱지같이 갈라지시고 트신 어머니, 농한기인 겨울에는 칡을 팔려고 머리에 이고

16킬로 20킬로 장에 가시던 어머니, 버스비 120원 아끼려고 걸어 다니신 어머니, 그런 어머니가 생각났습니다.

그래서 아픈 가슴을 부여잡고 날마다 숙소에서 엉엉 울면서도 죽지는 못했습니다. 지금 생각해 보니 잘 생각했다는 생각이 듭니다. 정말 부모님에게 가장 큰 불효는 자식이 먼저 죽는 것이지요. 하나밖에 없던 누나가 경제적인 문제로 자살했을 때, 그렇게 몇 달을 눈물로 밤새는 어머니를 어렸을 때 목격했습니다. 돈 못 벌어온다고 닦달하시던 아버지께서도 한숨을 쉬시며 우리 몰래 눈시울 붉히던 것을 보았습니다.

환경이야 어떻든 자식을 무한 사랑하는 분들이 부모님이지요. 하지만 지금 내 아이들을 사랑하는 것만큼 부모님을 사랑하지는 않습니다. 자식에 대한 사랑은 어쩔 수 없는 인간의 본능인 것 같습니다.

여러분, 이제는 조금 이해가 되나요? 여러분이 소중한 존재인 이유를. 설혹 여러분 중에 부모님이 생존하지 않은 사람도 충분히 이해가 될 겁니다. 살아 계실 때 사랑받은 기억이 날 테니까요. 아니, 사랑받은 기억이 없어도 분명히 장담하건대 여러분은 사랑을 받았습니다. 설령 보육원에 버림을 받았을지라도, 자기 자식을 버린 사람은 아마도 자식보다 더 큰 고통 속에 평생을 살아갈 겁니다.

부하를 사랑한다는 말도 젊어서는 믿지 않았습니다. '사랑은 무슨……. 직책이 있고, 사고 나면 책임져야 하니까 그런 거지.'

뭐 이런 정도로 치부했었습니다. 하지만 자식을 나보니 알게 되었습니다. 어디에 사는 누군지는 모르지만, 여러분 개개인에게 어디선가 당신 자식을 그리면서 가슴 아파하는 부모님이 계실 거라는 것을.

자신을 소중하게 생각하십시오. 자기 자신을 사랑하십시오. 자신을 사랑하지 않는 사람은 타인을 사랑할 수가 없습니다. 소중한 각 개인의 몸을 잘 보호해서 그렇지 않아도 늘 가슴 아파하시는 부모의 가슴에 못을 박지 마십시오. 여러분, 제대하는 그 날까지 건투를 빕니다.

죽지 않는 무장전사 파이팅!
효도하는 무장전사 파이팅!

2006. 8. 20.(일)

열일곱
 병사 자살 시도 후 대대원에게

소원

네 소원이 무어냐고 묻는다면 '첫째는 통일이요, 둘째도 통일이며, 셋째도 통일이다.'라고 대한민국과 한민족을 유난히 사랑했던 백범 김구 선생이 남기신 말씀입니다. 암살되기 전까지 가지고 있던 생애 유일의 소원은 분단된 조국의 현실을 슬퍼하면서 통일을 노래하였습니다.

인간 조자룡의 개인적인 소원은 '첫째는 대한민국의 영광이요, 둘째는 한민족의 영광이며, 셋째는 저와 가족의 영광과 행복'입니다. 지금은 군사 독재정권 시절이라고 말하는 박정희와 전두환 대통령 시절에 받았던 반공교육과 국가 제일주의 교육의 영향을 받아서인지, 아니면 대대장이 좋아하는 역사 서적에서의 유교 영향 때문인지는 알 수 없으나 위정자의 목표대로 사상과 철학이 굳어졌습니다. 그 내용과 결과의 시비곡직을 떠나서 말입니다.

하지만 무장대대장이라는 공적인 입장에서는 다소 다릅니다. 둘째는 무장·탄약 지원의 완벽한 임무 수행이고, 셋째는 세계 최고최강의 대대 건설이지만, 가장 중요한 첫째는 다름 아닌 무장대대원의 육체적인 건강과 건전한 정신 함양입니다.

마음속으로나 겉으로나 늘 무장대대의 영광을 부르짖고 무장대대의 영광을 위하여 남자임을 강조하지만, 사실 더 중요한 것은 우리 무장대대원 각 개인의 건강과 행복과 발전입니다. 군인으로서 당연히 조직의 목표이자 책임인 임무를 완수해야 하겠지만, 대대장으로서 당연히 최고의 대대를 건설해야 하겠지만, 그것이 한 사람의 생명보다 중요하다고 할 수는 없을 것입니다.

대대장의 임기를 마쳐도 함께 땀 흘리고 고민하고 기뻐하고 슬퍼했던 무장전사들을 사랑할 수밖에 없겠지만, 현재 무장대대장인 조자룡은 무장전사들을 무척 사랑합니다. 그들이 건강하기를, 행복하기를 발전하기를 바랍니다. 그들이 강인한 정신력과 단단한 육체와 타의 추종을 불허하는 전문지식이나 능력을 갖추기를 원하며, 설사 그렇지 못하더라도 최소한 제가 무장대대에 오기 전보다는 정신적으로 육체적으로 더 단단해지기를 원합니다.

얼마 전에 대대장은 중령 진급에 성공하였습니다. 갈망하던 진급이었지만 사실 진급이 되기 전까지 주위를 돌아볼 여유가 없었습니다. 대대의 일이야 현실이니까 늘 관여해야 했지만, 멀리 떨어져 사시는 부모님에 대해서는 전화 한 통화 드리지 못하였지요. 진급발표가 나고 큰 형님한테 전화를 받고서야 알았습니다. 지난 2년간 어머님께서는 단 하루도 빼놓지 않고, 단 하루도 빼놓지 않고 새벽 기도를 드렸답니다.

대대장은 종교가 없지만, 어머님은 독실한 기독교 신자입니다. 하나님의 존재를 확실하게 믿는 어머님께서는 비록 많이 부족한 자식이지만 살아있는 동안 행복하기를 너무도 간절히 원하시기에, 어머님만큼은 아니겠지만, 대대장도 우리 무장전사들이 행복하기를 간절하게 원합니다.

병사가 진급할 때, 전입 면담할 때 이야기하였습니다. 개구리가 되지 말라고. 올챙이 적 모르고 올챙이를 비웃는 개구리가 되지 말라고. 그리고 맞거나 욕먹는 사람이 되지 말라고. 쉬운 일이 아닙니다. 쉬울 수가 없습니다. 낯선 장소에서 낯선 사람과 낯선 일을 하는 데 왜 아니 힘들겠습니까? 처음 하는 일도 무척이나 어려운 일이지만 처음 접하는 사람과 화기애애하게 살아가는 건 더욱 힘든 일입니다. 그와 사상과 철학이 같은 것도 아니요, 종교가 같은 것도 아니며, 살아온 지역이나 환경이 같은 것도 아닙니다. 갈등하지 않을 수 없지요.

그렇지만 견디어 내야 합니다. 고통스럽고 힘들다고 느끼는 현실을 극복해야 합니다. 현재 자신의 처지가 불쌍하고 가장 힘들다고 여겨지겠지만 결코, 그렇지 않습니다. 나이 든 감독관님이나 선임부사관도, 조금 먼저 입대하여 선임병이 된 사람도 모두 겪은 일입니다. 견디어 내는 일이 쉬운 일은 아니지만 견디어 낸다고 하여 훌륭한 사람이 되는 것도 아닙니다. 누구나 겪는 평범한 일을 이겨낸 보통 사람일 뿐이지요.

사랑하는 무장전사 여러분, 사랑하는 무장병사 여러분! 늘 강조하는 천상천하 최고최강은 추구하는 목표일 뿐 결코 현실이 될 수 없을지는 모릅니다. 천하제일 막강전사가 될 수 없을지라도 최소한 자신으로 인하여 주변 사람들이 불행해지는 일이 없도록 말과 행동을 조심, 조심합시다. 자신이 견디어 낸 일이라고 하여 세상 모든 사람이 견딜 수 있으리라고 생각하지 마십시오. 자신이 보통 사람이라고 하여 다른 모든 사람도 보통 사람이라고 생각하지 마십시오. 그 사람은 지금 부모를 잃어서, 사랑하는 연인을 잃어서, 경험이 부족해서 모두 편안하게 살아가는 세상이 너무 힘들 수도 있습니다.

장교나 부사관 여러분! 단단하고 강인한 정예 전사 병장, 상병, 일병 여러분! 현재는 약해 보이지만 틀림없이 무적의 전사로 성장할 내일의 최강 무장전사 이병들아! 귀관의 빛나는 영혼과 불굴의 군인정신과 세상의 모든 것을 포용할 수 있는 아름다운 마음으로 전우를 내 몸과 같이 사랑하고, 전우의 일을 내 일과 같이 근심하고 기뻐하십시오. 우리가 추구하는 행복은 멀리 있는 것도 아니고 어려운 것도 아닙니다. 단지 내가 주변 사람들을 이해하고 배려하고 사랑한다면 주변 사람들이 행복해질 것이요, 주변 사람들이 행복해진다면 이번에는 그 주변 사람들이 그대를 행복하게 할 것이오.

공군 최강의 전투비행단, 사랑하는 정예 무장전사에게 시 한 수를 바칩니다.

시월의 아침

늘 그랬듯 시월의 아침은

군인의 힘찬 함성과

늠름한 행진으로 시작한다.

국군의 날

모든 이가 그들의 씩씩하고 늠름한 모습과

절도 있는 행동에 감탄하지만

그 몇 시간의 행사를 위해

얼마나 많은 시간과 정열과 땀을 흘렸는지.

멋있게 산다는 건

모든 이가 희망하는 거지만

멋있게 보이기 위해서는

또 얼마나 많이 준비하고 훈련해야 하는지

아마도 알았다면

멋있게 사는 것을
포기하는 사람도 있으리라.

남들 다 하는 군 생활
모든 군인이 겪어낸 훈련병 생활이지만
자신이 하려면 왜 그렇게 힘이 드는지
정말 세상에는
만만한 일이 하나도 없어서
뛰고 또 뛰어도 그 끝이 보이지 않느니.

그러나 사람들이여
몇 개월의 피나는 노력 끝에
멋있게 사열, 분열, 행진하듯이
멋지게 죽으려거든
죽는 순간까지
부단히 정진해야 하리라!

대한민국이 살아있는 한
그들의 행진은 계속되리라!

2006. 9. 29.(금)

열여덟
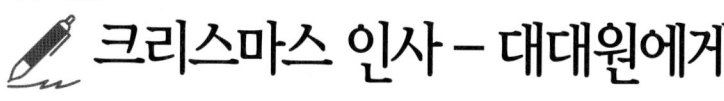# 크리스마스 인사 - 대대원에게

　온돌방의 아랫목이 그리워지는 따뜻한 겨울, 비록 실제 기후는 살을 에는듯한 엄동설한이지만 사랑하는 조국 대한민국을 내 힘으로 지키겠다는 불타는 애국심과 전우의 고초를 대신하려는 뜨거운 전우애가 있어 마음만은 따스한 겨울입니다.
　우리가 월드컵 때 큰 소리로 연호한 것이 모두가 사랑하는 조국 대한민국이지만 조국은 연호하고 성원한다고 하여 지켜지는 것은 결코 아닙니다. 눈보라가 몰아치고 폭풍이 몰려와도 언제나 주어진 그 자리에서 묵묵히 임무를 완수하는 강력한 전사 무장전사들이 있어 가능합니다. 몸은 얼어붙고 손발을 놀리기에는 불편하지만 아무리 강력한 혹한도 조국 수호에 대한 강렬한 사명감을 꺾을 수는 없습니다.

며칠 후면 크리스마스입니다. 종교의 유무에 무관하게 저절로 마음이 들뜨는 크리스마스는 친구와의 추억을 떠오르게 하여 새삼스럽게 고즈넉한 기분을 들게 하지만 전사들이 있어 모든 국민, 사랑하는 부모, 형제, 친구, 연인이 편안하고 행복하게 살아갈 수 있다는 사실을 상기한다면 그렇게 외롭지만은 않을 것입니다.

혼자서 하는 것도 아닙니다. 나만 하는 것도 아닙니다. 예전에 할아버지나 아버지도 하셨고 얼마 후에는 동생과 또한 우리의 후세가 그럴 것입니다. 대한 남아라면 누구나 해야 하는 병역의무가 순간적으로나마 우리를 힘들게 하지만 더 많은 기간 안전하고 즐거운 삶을 누리기 위하여 반드시 해야 한다는 사실을 직시하고, 대한 남아로서 책임을 완수하였다는 자긍심을 가지고 즐겁게 연말을 보내고 새해를 맞이하기를 바랍니다.

연말이면 으레 잦아지는 것이 각종 모임이나 회식입니다. 술이 때로는 우리의 피로를 풀어주거나 즐거움을 배가시키지만, 이성적인 사고를 마비시켜 때로는 개인적으로나 사회적으로 문제가 되기도 합니다. 폭행이 일어날 가능성이 증가하고 음주운전, 성희롱, 교통사고가 발생할 확률도 높아집니다. 금년에도 주어진 임무를 완수하였음에도 불구하고 약간은 미진하였다고 생각되는 부분은 각 개인의 실수로 인한 피해와 조직의 명예훼손입니다. 열심히 일하고 열심히 놀고 열심히 술 마시자는 것이 대대장의 생각이지만 지나치면 안 되겠지요. 과유불급이라는 말이 있듯이 지나침은 모자람과 마찬가지입니다. 때로는 모자람보다도 못할 수도 있지요. 중대별로 안전 무사고 운동을 벌이고, 날마다 무사고 일수가 늘어나지만, 혹시 자신의 실수로 인하여 자랑스러운 중대의 전통과 명예에 흠이 되지 않도록 한 번 더 마음을 다잡아야 하는 시기가 아닌가 생각합니다.

언제나 당당하게 선두에서 나아가는 강력한 전사, 천상천하 최고최강 무장전사 여러분! 이미 아시다시피 세상에서 가장 중요한 것은 바로 자신입니다. 자신의 명예도 또한 가장 중요하지요. 혹시 대대나 비행단이나 조국을 사랑하지 않더라도 최소한 남자의 자존심과 명예를 훼손하지 않도록 연구하고 실천하기를 바랍니다.

열정으로 뭉쳐진 뜨거운 전사, 천하제일 무장전사 모두 유쾌하고 상큼한 크리스마스를 기원합니다.

2006. 12. 21.(목)

〈답글〉 준위 전○○

지난해 취임하던 날 취임사에서 '나만 잘하면 된다.' 그리고 '안전 무사고 368일'을 선언하였습니다. 그날이 오늘이라는 것을 알고서 오전 대청소, 오후 중대 자체 업무분석, 그리고 새로운 해에 할 계획사항을 설명하던 중 이○○ 중사가 입장하여 박수갈채를 받고, 최우수 정비사 상까지 독식하더니 아들까지 낳은 축복의 한 해이며 중대의 자랑이라고 봅니다.

금년 비행단 유일한 웰던 1호를 만들어 낸 대대장께 진심으로 감사드립니다. 뭐니 뭐니해도 대대장님의 적극적인 도움이 없이는 이런 영광을 얻을 수 없었다고 봅니다. 정말 감사드리고요. 또한 중대에서 최고로 많은 부사관 자격증 획득을 하여 대대장님의 방침을 어느 것 하나 소홀함 없이 다 이룬 것은 중대원의 놀라운 응집력이라 봅니다. 중대원 포상도 어느 해 보다 가장 많은 실적을 남기었던 것을 업무분석을 통하여 알게 되었습니다. 한 해 동안 이끌어주신 것 너무나 감사드리고 또한 이곳 ○○전비에서 대대장께서 진급의 영예를 안은 것도 값진 생활이라고 봅니다. 가장 힘든 관문을 넘을 수 있는 것은 하면 된다는 신념, 그리고 대대원에게 많은 것을 안겨준 희망의 대대장이었음을 감히 고백합니다.

저 개인적으로 이렇게 안정감 속에 대대원을 이끌어 가신 것은 볼 수 없었습니다. 앞으로도 약자를 보호하시고 그들에게 희망을 줄 수 있는 멋진 대대장으로 마음속에 자리 잡으리라 봅니다. 2006년 한 해 너무너무 수고하셨고요. 공군을 위해 영전하시는 곳에서 더 넓은 꿈을 가지고 무장인(武裝人)의 마지막 보루가 되어 주실 것을 기대합니다. 중대원을 대표해서 사랑과 관심 가져주신 것 잊지 않겠습니다. 그리고 감사드립니다. 새해 소망하는 것 다 이루시길 기원합니다.

○○○무장 전○○ 준위 드림

열아홉
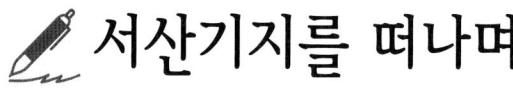 서산기지를 떠나며

　존경하는 전대장님, 그리고 바쁘신 가운데도 이 자리를 빛내주기 위하여 참석하신 여러 지휘관 참모님께 먼저 감사를 드립니다.
　친애하는 최강의 전투비행단 제○○ 무장탄약정비대대 장병 및 군무원 여러분! 본인은 오늘 명에 의하여 정들었던 이곳 서산기지를 떠나게 되었습니다. 군인이 언제나 군복을 입고 있듯이 공군이라면 비행단에 근무할 때가 가장 보람 있고, 우렁찬 굉음과 함께 지축을 울리며 비상하는 전투기를 바라볼 때 가슴 뿌듯함을 느낄 수 있습니다. 이제 다시 비행단에서 근무하는 것을 기약할 수 없이 떠나려 하니 가슴 한쪽이 허전해짐을 느끼며 지난 일 년간의 비행단 생활이 주마등처럼 떠오릅니다.

기억하는 사람이 있을지 모르겠지만 대대장 복무방침은 단 세 가지였습니다. 첫째, 임무완수, 둘째, 사고 예방, 셋째, 인화단결. 대대 장병 및 군무원 여러분의 뜨거운 열정과 노력으로 임무완수와 인화단결은 충분히 이루었습니다. 그 덕분에 대대장은 중령 진급이라는 값비싼 선물까지 받았습니다. 다만 아쉬웠던 점은 반드시 이루고 싶었던 '대대 안전 무사고 원년 달성'을 이루지 못한 점입니다.

비록 무장대대 병력이 많지만 이루지 못할 목표는 아닙니다. 현재 중대별로 추진하고 있는 안전 무사고 운동이 300일, 500일의 목표에서 멈출 것이 아니라 3000일 5000일로 이어질 수 있도록 전원이 한마음 한뜻으로 매진하기를 간곡히 당부드립니다.

떠나는 것이 다소의 미련과 아쉬움도 있지만, 다행으로 생각하는 것은 후임 대대장 김○○ 소령이 최근에 ○○비 정비관리실장을 역임하고, 작사에서 무장탄약담당으로 근무하는 등 탁월한 직무 지식과 분야발전에 대한 열정을 가진 유능한 장교라는 사실에 마음 든든히 생각합니다.

자랑스러운 최강의 전사, 무장전사 여러분! 사랑하는 강력한 전사, 무장전사 여러분! 살아가는 것이 슬프고 고통스러울 때도 있겠지만, 전사들의 빛나는 영혼으로, 불굴의 투지로, 단단한 육체로 견디고, 이기고, 극복하십시오. 당당한 남자, 늠름한 군인, 최강 전사의 미래에 장애물은 있을 수 없습니다. 저 2002년 월드컵을 응원할 때처럼, 체육대회에서 줄다리기를 응원할 때처럼,

381명이 똘똘 뭉쳐서 열과 성을 다한 노력을 한다면, 전사들의 앞날은 언제나 찬란하게 빛나는 영광이 함께 할 것입니다.

　사랑하는 무장전사 여러분! 전사들과 함께 한 아름답고 행복했던 2006년을 가슴 속 깊이 간직하고 이제 떠나려 합니다. 최고의 전사, 최강의 전사, 무장전사 여러분을 사랑합니다.

뭉쳐! 뭉쳐! 하나로!

2007. 1. 4.(목)

〈답글〉 중사 이○○

　필승! ○○○무장 이○○ 중사입니다. 가시는 길에 인사도 못 드리고 눈치만 보다가 이제야 감사의 인사 드립니다. 대대장님께서 처음 취임사로 말씀하신 게 끼, 때, 꿈, 이 세 가지 밖에 생각이 안 납니다. 그중에 저한테는 때를 잘 만난 것 같습니다. 항상 부정적이고 열심히 하려고 해도 군대라는 속성상 잘난 놈도 못난 놈도 없는 곳에 남들보다 잘나 봐야 뭐하냐는 생각으로 지금까지 살아왔습니다.

　대대장님께서 항상 말씀하시던 최고최강 무장이라는 말씀도 언제나 뒷전으로 한 귀로 흘려보내며 그럭저럭 살아오다 가시는 대대장님께서 눈물을 훌쩍이며 말씀하시는 걸 보고 느낀 바도 있습니다. 말로만 위하는 지휘관이 아니라 욕을 하면서도 뒤돌아 가슴 아파할 줄 아는 진정한 사나이가 제가 살아온 32년 인생에 있었다는 기쁨도, 또한 그런 지휘관을 다시 만날 수 있을 것인가라는 걱정도 있습니다.

이번에 개인적인 영광이며 자부심인 최우수 정비사 상과 웰던 상 모두 제가 잘나서 받았다는 생각보다는 항상 제 주위에 누군가 지켜보고 있다는 뿌듯함과 앞으로 열심히 해야겠다는 생각이 먼저 듭니다.

항상 건강하시고 그곳에서도 최고최강이라는 무장인의 긍지를 가지시고 이곳 아니 모든 비행단 무장인을 위해 언제나 파이팅 해 주십시오.^^* 진심으로 감사드립니다.

스물
✒ 생일 축하

필승! ○○비 무장대대 통제실 이○○ 상병입니다. 대대장님과 함께 대연병장에서 응원하던 것이 엊그제 같은 데 벌써 대대장님께서 떠나신 지 2개월이 지났습니다. 그동안 잘 지내셨습니까? 조자룡 소령님의 생일을 축하드리고자 또 오랜만에 안부를 묻고자 편지를 보내게 되었습니다.

물론 지금 대대장도 병사에게나 간부에게 잘 해 주고 있습니다. 그렇지만 조자룡 소령님이 계속해서 그리운 것은 함께 외치고 호흡하고 염원하던 추억이 있기 때문일 것입니다. 그 순간으로 되돌릴 수는 없겠지만, 그때의 기억은 무장대대원 모두의 가슴에 남아 있을 것으로 생각합니다.

제가 느낀 대대장님의 장점은 긍정과 자신감이었습니다. 언제나 무장이 최고라는 자긍심과 잘 될 것이라는, 반드시 이길 것이라는 자기 확신이야말로 대대장님의 비밀 병기이며 장점이라고 생각합니다. '자신감에는 항상 천재성이 숨어있다.'라는 말이 있습니다. 물론 대대원 개개인의 능력과 단합도 중요하지만, 무장대대가 문무 임무 수행에 언제나 최고일 수 있었던 것은 그 중심에 '우리는 최고다'라는 자신감이 있었기 때문입니다.

제 목표는 서울대학교 교수가 되는 것입니다. 어떤 점에서 보면 군인과 교수는 많은 점에서 닮았습니다. 민항 여객기를 운전하며 훨씬 좋은 대우와 봉급에도 불구하고 영공방위를 위해 F-16에 오르는 수많은 조종사, 이것은 비단 조종 특기만의 이야기는 아닐 것입니다. 전국 각지의 군인이 더 좋은 자리에 갈 수 있음에도 불구하고 조국을 지킨다는 명예 아래 임무 수행에 매진하고 있습니다. 저도 그런 교수가 되고 싶습니다. 정말로 능력이 있고 그렇지만 조국을 위해서라면 기꺼이 그 능력을 바칠 수 있는 사람이 되고 싶습니다.

언제까지나 지금의 모습 변치 않으시는 지휘관이 되시길 바랍니다. 저도 지금보다 좀 더 성실하고 자신 있는 인간이 되겠습니다. 마지막으로 영원한 ○○비 무장대대장이신 조자룡 소령님의 생신을 축하드립니다.

2007. 3. 9.

〈답글〉

언제나 사랑하며 늘 그립고 항상 자랑스러운 강력한 무장전사 이○○ 군! 만물이 생동하는 봄이 되었건만 늘 삶에 찌들어서 세월 가는 줄 모르고 지내다가 귀관의 따스한 소식에 불현듯 지난날을 돌이켜 본다네.

어느 사람이라도 자신의 과거사를 이야기한다면 한 권의 책이나 한 편의 드라마로 모두 설명할 수 없을 정도로 수많은 희로애락을 느끼면서 살게 마련이지만, 예전의 대대장은 주변 사람들보다 특별히 가난한 집에서 태어나 다소 다른 인생을 살아왔기에 생각하는 것도 남다를 수밖에 없었다네.

17세부터 부모님과 고향과 동떨어져 군인의 길을 걸어야 했지만, 누구를 원망하거나 자신의 처지에 대하여 비관한 적은 없다네. 있었다면 자신의 무능과 인내력의 한계에 슬퍼하고 절망한 적은 있지만.

누구나 승부 근성이 있고 자신만의 삶의 철학이 존재하기 마련이지만, 옛 대대장이 자신과 주변 사람들에게 강조하고 전하려는 메시지는 단 한 가지라네. 강해져야 한다는 것, 그래서 세상의 어떠한 험난한 난관이나 역경도 자신의 힘으로 개척해 나가야 한다는 것, 주변에 항상 사람들이 있게 마련이지만 어느 순간에는 홀로 결정할 수밖에 없다는 것, 자신의 의지로 발전하고 적응해야 하며 나아가서 주변 사람들에게 도움을 줄 수 있는 사람이 되어야 한다는 것, 그것이 남자의 숙명이라고 생각하네.

주지하다시피 우리의 마음을 아련하게 아프게 하는 것은 어머니지만 아버지의 단단한 방패막이가 없다면 한순간에 가정을 앗아가 버린다는 것을 깨닫는 순간 강한 남자가 되어야 한다는 것을 알게 된다네. 신세대가 말하는 폼생폼사가 굉장히 멋있는 말임에 틀림이 없지만, 세상의 모든 사람이 그것을 몰라서 실천하지 않는 것은 아닐 터, 멋있는 사람이 되려면 먼저 강해져야 한다네. 가정을 지키기 위해서도 나라를 지키기 위해서도 강해지지 않아서는 결코, 이룰 수 없는 과제이지. 세상에서 최고일 수는 없겠지만, 최소한 주변 사람보다는 조금이라도 나아야 한다는 말이지.

　젊어서 많은 고민도 하고 방황도 하였으나 주저하지 않고 전진하였기에 현재의 보통 사람 정도 위치로 올 수 있었지만, 아쉬움도 후회도 많다네. 지금 모두 설명할 수는 없지만 내가 잘못 판단하여 나중에 후회한 일을 내 자식이나 후배나 부하에게 어떤 식으로든 꼭 전파해서 유사한 우를 범하지 않기를 진심으로 바랐네. 성과가 없는 데서의 주장은 공허한 메아리밖에 될 수가 없겠기에 먼저 실천하고 증명하지 않으면 안 되었지.

　자네와의 만남이 아마 1년여밖에 되지 않았고 내 개인적인 일 때문에 부대 관리를 전력으로 할 수 없던 점도 있어서 개인적으로 아쉬움이 많다네. 1년만 더 ○○비 무장대대장을 하고 싶었고 더 잘할 자신이 있었는데……. 그러나 1년밖에 같이 생활을 못 했지만 사실 할 말은 충분히 다 한 것 같네. 개인적으로 직접 대화는 못 했지만 이제까지 살면서 생각했던 것은 빠짐없이 메일로 보냈으니까. 어떤 부사관의 말이 생각나네. 대대장의 메일은 스팸메일이라고, 읽기도 어렵고 분량도 너무 많고.

　많은 사람이 그렇게 생각할 것을 알고 있고, 날마다 쌓이는 메일을 지우면서 불만이 있을 거라는 것쯤은 알고 있지만 그렇다고 포기할 수는 없었지. 그렇지 않은가? 사랑하는 사람이 사랑을 원치 않는다고 해서 즉시 포기할 수는 없듯이 원하지 않는 사람이 있다고 해서 꼭 전달하고픈 메시지를 중단할 수는 없었지. 원치 않는 사람에게는 아마 고역이었겠지만 그것이 운명이라고 생각하네. 대대장으로 만났기 때문에 보아야 했고, 대대장으로 만났기 때문에 볼 수가 있었겠지. 다른 대대 사람에게는 보내지 않은 사연이니까.

　혼자 넋두리를 많이 했네만 귀관의 포부가 서울대학교 교수라니 대단하네. 대대장도 예전에는 제법 그럴듯한 꿈을 가진 적이 있었네. 젊었을 적의 꿈을 이룬다는 것은 무척이나 힘든 일이지만, 그래서 더 매력적인 것 아니겠는가?

　직접적으로는 다시 만날 수도 없을 수도 있고 서로에게 영향을 줄 수 없을 수도 있지만, 귀관의 젊은 날의 한 페이지로 남았으면 좋겠네. 좋은 기억으로든 나쁜 추억으로든 말일세.

　정말 오랜만에 받아 본 편지이며, 특히 병사에게 받은 것은 더욱 그렇다네. 하루하루를 어떻게 사는지 모를 정도로 바쁜 나날이며 심신이 노곤하고 파김치가 되어갈 즈음에 보내 준 귀관의 정성 어린 편지는 말하자면 사막의 오아시스요, 청량제였네. 사실 사람이 살아가는 힘이 무엇이겠는가? 누구에겐가 사랑받고 칭찬받고 인정받을 때 새로운 에너지가 솟지 않는가?

엊그제에는 제대하는 김○○ 병장에게 전화를 받았네. 무척이나 반가웠지. 무장대대의 대표 축구선수이자 족구 대표 킬러 아니었는가? 서로의 인생에 큰 도움이 되지는 않겠지만, 다정한 한마디의 말과 따스한 격려의 한 글귀는 그래도 커다란 힘이 된다네. 최소한 내 경우에는 말일세. 사실 생일이 음력이라서 며칠 남았네만 그런 것이 중요하겠는가? 생일에 무관하게 옛 전우에게 받은 편지는 가장 소중한 선물이었네.

비슷한 인생을 살아가는 우리에게 매 순간순간은 정말 중요하다네. 군 생활은 대충 대충하고 사회 나가서 잘한다는 생각을 할 수도 있지만, 맞지 않는 말이라는 것을 잘 알 걸세. 군에서도 얼마든지 공부도 할 수 있고, 책도 읽을 수 있으며, 친구를 사귀는 것도, 주변 사람에게 인정받고 지도자가 되는 법도 배울 수 있다네. 인생에서도 가장 찬란하며, 가장 소중한 시기인 청춘을 비록 군에서나마 아름답게 채워가기를…….

늘 바빠서 답장이 늦었네. 이곳에서의 일은 대대장과는 사뭇 다르다네. 아마 현재의 대대장이 작년에 그랬듯이.

다시 한번 귀관의 소식에 기쁜 감사의 말을 전하며 강력한 무장전사이자 옛 전우인 이○○ 군의 서울대학교 교수로의 입성을 고대하네. 아름다운 계절에 즐겁고 유쾌한 나날이기를.

2007. 3. 25.(일)

스물하나
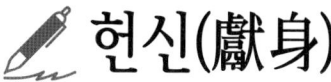 헌신(獻身)

창공이 눈부시게 빛나는 가을날에
그들을 생각합니다.

사랑하는 조국을 지키려 군인이 되었고
창공과 자유를 사랑하기에 조종사가 되었던
아버지와 아들,

그들의 소원대로
대한공군의 자유의 날개가 되어
영공방위를 위하여 마음껏 나래를 펼쳤건만
우리의 가슴을 아프게 합니다.

아니, 한 여인의 가슴에
지울 수 없는 한을 새겨 놓았습니다.

조종사를 남편으로 두었고
조종사를 아들로 두었던
조종사의 아내이자 어머니입니다.

세상에서 가장 소중한 남편과 아들을 앗아 간 하늘이지만
눈부시도록 푸르게 빛나는 가을 하늘이기에
더욱 야속하기만 합니다.

무심하게 하루하루를 살아가는 나날이지만
그녀를 보는 순간 온 머리가 하얗게 되는 듯한
전율을 느꼈습니다.

다하지 않은 젊음과
미처 피지도 못한 청춘을 바친
고 박명렬 중령님과 박인철 대위님의 獻身을 되새기며
다짐하였습니다.

'도전! 헌신! 전문성! 팀워크!'를

하늘을 꿈꾸었던 두 분이
하늘나라에서 고이 잠드시길 빕니다.

2007. 10. 9.

스물둘

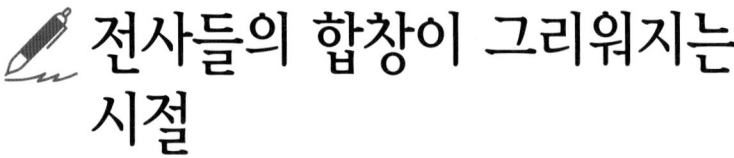 전사들의 합창이 그리워지는 시절

필승! 전 공군 제 ○○전투비행단 무장대대에 근무하고 있는 이○○ 병장입니다.

점점 쌀쌀해지는 날씨와 더불어 ○○비 체육대회, 군가 경연대회를 준비 중인 요즘 무장대대의 전 대대장님이신 조자룡 중령님과 함께 한 시간이 떠올라 편지를 썼습니다.

○○비 체육대회에서는 여느 해와 마찬가지로 군수전대가 우승을 차지했습니다. 하지만 아쉬운 점이 있다면 군수전대 체육대회는 따로 개최하지 않아 무장대대가 따로 실력을 발휘할 기회는 없었습니다. 군가 경연대회는 지난주부터 연습을 시작했습니다. 물론 그간 무장대대가 이뤄온 것들이 있었기에 이번에도 무장전사의 패기를 보여줄 수 있겠지만 조자룡 중령님의 부재는 심적으

로 적지 않은 영향을 줄 것 같다는 생각이 듭니다.

  자신감에는 반드시 천재성이 내포되어 있다고 합니다. 자신이 전사라고 생각하는 사람은 전사가 되지만, 일반 병사처럼 생각하는 사람은 그저 일반 병사가 되어버리는 것 같습니다. 자신을 높이고 사랑하고 그러면서도 자신에게 채찍질하는 정신이 무장대대를 만들었던 것이 아닌가 싶습니다.

  가을이 남자의 계절이라면 겨울은 정말 전사의 계절이 맞는 것 같습니다. 무장대대를 비롯해 ○○비 전체가 올겨울의 제설 작전을 위한 준비를 진행하고 있습니다. 더위는 참을 수 있지만, 추위는 싸워 이기지 않으면 죽는 것이 수억 년간 전해 내려온 생태계의 법칙이었습니다. 과학과 기술이 발달한 지금도 생태계 일부로서의 인간 본성이 남아 있어, 겨울이 되면 전사의 본성이 드러나는 것이 아닐까 합니다.

  일병 이병 상병일 때 군대에서 배운 것은 힘든 시간을 버텨내고 참아 내는 것이었습니다. 하지만 이제 전역을 약 5개월 앞둔 시점에서 제가 배우고 있는 것은 시간을 잘 활용하는 것입니다. 전역 후에 민간인에게 뒤지지 않기 위해, 군에 입대하지 않고 병역 특례를 받은 선후배와 경쟁하고 본인이 군 생활을 통해 정신적으로 육체적으로 강해진 것을 증명하기 위해 요즘 전 시간을 활용하는 법을 배워가고 있습니다. 물론 자신과 싸움에서 항상 이길 수는 없습니다. 게임도 하고 싶고, 잠도 자야 하고 가끔은 나태함에서 벗어나지 못하는 자신을 보기도 하지만, 중요한 것은 항상

이기는 것이 아니라 지더라도 다시 일어서서 저와의 전쟁을 재개하는 것으로 생각합니다. 영화 '록키 발보아'에는 이런 말이 나옵니다.

"얼마나 세게 치는 가가 중요한 것이 아니라 맞고도 다시 일어나는 것이 중요한 것이다. 난 나를 시험해 봐야겠다. 그래서 나는 다시 링으로 간다."

저도 항상 꼿꼿한 사람은 아니지만, 항상 노력하고 굴하지 않는 사람이 되려고 합니다. 근래 이슬람 무장단체가 테러나 인질극을 자행하여 국제적으로 많은 문제가 되지만, 본디 지하드-성전의 의미는 '자기 자신과 싸움'이라고 합니다. 진짜 멋있는 전사의 전장은 본인의 가슴에 있다는 것을 다시 한번 느끼는 하루입니다.

오늘은 ○○비 무장대대 창대 기념행사가 있습니다. 그래서 조자룡 중령님이 더욱 그리워지는 것 같습니다. 이제 2007년도 저물어 가고 있습니다. 조자룡 중령님의 따뜻한 연말연시를 소원하며 더불어 항상 승리하시길 기원합니다. 필승!

2007년 12월 10일
병장 이○○ 올림

〈답글〉

서산의 아름다운 창공을 지키기 위해 여념이 없을 이○○ 군,

장문의 편지를 잘 받았소. 겉보기에는 여린 듯하고 아직도 어린 티가 폴폴 풍기지만, 정신무장은 차돌같이 단단하게 되어있고 극기하는 인내력은 쇠심줄같이 단련되어있는 현재 영공방위의 핵심이자 첨병이요, 미래 조국의 대들보로 성장할 것이 틀림없는 천상천하 최고최강의 전사, 정예 무장전사 이○○ 군!

지나온 세월을 돌이켜보면 아쉬운 점도 많이 있고 후회스러운 점도 있으며 부끄러운 점도 없지 않아 있는 것이 사실이지만, 지금까지 살아오면서 틀림없이 지켜온 한 가지가 있다면, 과거와 현재를 망라하여 세계를 지배하지도 인류 역사에 빛나는 일 획도 담당하지 못하고 그저 생존을 위해 몸부림쳐온 세상 사람들이 보면 하잘것없는 나라일 수도 있지만, 내가 태어난 땅과 바다와 하늘을 소유한 나라 대한민국, 그 대한민국을 사랑한 일이오.

사람이 사람을 사랑하는 데 능력이나 재능이나 외모나 경제력이 기준이 되지 않듯이 어떤 대상을 사랑하는 데는 비교 기준이 없는 듯하오. 수 없이 역사책을 반복해서 읽으면서 키워왔던 어릴 적부터의 꿈은 대한민국의 찬란한 영광이었소. 아마도 초등학교 당시의 대통령이던 박정희의 영향을 많이 받았던 듯, 국민교육헌장의 첫머리에도 나오듯이 '우리는 민족중흥의 역사적 사명을 띠고 이 땅에 태어났다.'. 단단한 육체도 우수한 두 되도 소유하지 못했지만, 학교에서 배운 것을 실천하려고 노력했다네. 지금까지 살아오면서 바른 생활 책이나 국민윤리 교과서에서 배운 대로 행동하지 않는 사람들에 대하여 수많은 비난을 하면서 살아왔기에, 아무리 세상살이가 고난의 연속이라 하더라도 자신이 늘 욕해왔던 사람들과 같이 말하고 행동한다면 그 말을 들은 사람이 뭐라 하겠는가? 세상의 누구한테도 욕먹는 것이 가장 싫었기에 배운 대로 살아왔고 그렇게 할 것이라네. 내가 초등학교 다닐 때 수도 없이 맹세하고 다짐했다네.

"나는 자랑스러운 태극기 앞에 조국과 민족의 영광을 위하여 몸과 마음을 바쳐 충성을 다 할 것을 굳게 다짐합니다."

잘 아는 국기에 대한 맹세일세. 지금 살아가는 길은 그 무수히 다짐하고 맹세했던 말에 대한 실천인 셈이지. 남자나 여자나 그 능력에 있어 큰 차이가 있다고는 생각하지 않지만, 책에서 늘 말하지 않았든가? 남자는 울지 않는다. 단 세 번을 제외하고는.

그런 말이 괜히 있다고 생각하지는 않고 무언가 이유가 있으니 생겨났고 우리가 배웠으면 실천해야 하지 않겠는가? 사실 살아가면서 울어야 할, 아니 울고 싶을 때가 어찌 세 번뿐이겠는가? 아마 귀관도 경험했을 훈련병 시절만 해도 여러 번 있었을 것이네. 다만 겉으로 드러내지 못할 뿐.

드러내지 않고 조용히 강한 ○○군, 사람은 내적으로 성숙하고 강해야 하지만 가끔은 밖으로 드러낼 필요가 있다네. 그것은 자신에 대한 자랑이나 홍보뿐만이 아니라 강자에게 약하고 약자에게 강한 동물의 본능에 대처하기 위한 하나의 수단이라고 할 수 있지. 자신이 약해 보이면 세상은 동정하지 않는다네. 마음으로는 동정이 있을 수 있으나 자신이 살아가기에도 급급하기에 만만한 사람을 경쟁상대로 하여 자신이 생존하려고 하지. 그래서 때로는 강한 모습을 보여줘야 한다네. 정신적으로 지식으로 내실을 다지고, 태도에서도 행동에서도 언제나 당당해야 하고, 경쟁에서는 승리해야 하지. 학교생활 때까지는 자신과의 승부에서 이겨야 하고 혼자의 노력으로 모든 것을 이룰 수가 있지. 하지만 사람은 혼자서는 존재할 수 없고 누구나 어느 조직이나 집단에 속하지 않고 살아갈 수는 없겠지. 나 혼자의 능력과 노력으로 무언가를 이루기도 쉽지 않지만, 조직이나 집단을 우수하게 만든다는 것은 한 차원 다른 일이라네. 생긴 것도 성격도 성장배경도 현재의 주어진 상황도 모두가 제각각인 사람의 마음을 결집한다는 것은 정말 어려운 일이고 특별한 연구와 노력이 필요하다네.

아직도 부족하고 미흡한 점이 많지만, 최소한 한 가지는 자신이 있네. 조자룡 개인은 최고최강일 수도 없고 탁월하고 우수할 수 없을지 모르지만 나에게 조직을 지휘할 기회를 준다면, 그와 함께라면 다른 사람보다 더 뛰어날 수 있다는 것을, 그리고 나뿐만 아니라 함께 했던 사랑하는 상관, 동료, 부하 전우도 공동의 목표를 달성하는 사람이 개인도 성공할 수 있다는 사실을 깊이 깨닫고 실천하기를 바란다네. 그래서 바쁜 시간을 쪼개어 E-mail도 보내고, 축구나 족구 훈련도 하고, 모으기 힘든 사람들 모아 일과 후에 줄다리기 연습도 하였지. 노력하지 않고 얻은 영광이나 승리는 가치가 덜 하다네. 사람들이 무언가를 간절히 원하고 그것을 위하여 각고의 노력을 함께 하였으며 그 결과로 영광을 얻었을 때의 희열은 그 무엇과도 비교할 수 없겠지.

귀관도 느껴 보지 않았는가? 2002년 월드컵 때의 감격을, 희열을, 아직도 귀에 쟁쟁하네.

"대~한민국!! 짝짝짝~짝짝. 오! 필승 코리아~"

아직도 눈에 선하네. 남녀노소를 불문하고 거리에서 역전에서 사무실에서 술집에서 사람들이 모여 있는 곳에서는 어디에서나 소리치고 얼싸안고 하이파이브하고, 모두가 하나가 되고 함께 붉은 악마가 되었던 그때가. 내가 경험했던 희열, 감동, 행복을 사랑하는 후배 자손에게 물려줘야 하지 않겠는가? 그것이 태어난 목적이고 역사적 사명이라고 생각하네. 그 모든 노력이 모든 전우에게 깊이 새겨졌을 것으로는 생각하지 않네. 다수의 사람은 대대장으로서 지휘 관리의 하나로 그랬을 것으로 생각하겠지.

그러나 대대장의 책임으로 그 모든 열정을 쏟아부었다면 정말 군인정신이 넘친 전무후무한 군인이겠지. 그렇지만 책임완수를 위하여 모든 사람을 사랑할 정도로 에너지가 충분하지는 못하다네. 바로 현재는 군인이지만 내일은 대한민국의 발전을 이끌고 한 가정의 가장으로서 험난한 세상을 살아가야 할 미래의 동량들이기에, 정말로 군대가 일반대학보다도 더 인생에 도움이 되었다고 그렇게 생각하도록 믿게 하고 싶었다네. 그 결과는 수십 년 인생을 살아간 후에야 비로소 깨닫는 사람이 있겠지만, 그에 대한 확신은 있지, 마음속으로.

적어도 조자룡과 함께했던 사람은 죽지 않는다. 아무리 세상이 힘들게 하고 서글프게 하더라도 고난을 함께 했던 전우들이 있고 자신을 믿고 의지하는 가족이 있는 한. ○○비에 있을 때나 지금이나 그 믿음에는 변함이 없다네. 종교는 없지만, 사람을 믿는 것은 좀 이상하겠지만, 사람이란 동물은 참 희한하고 영특해서 말하지 않고 행동하지 않아도 안다네. 누가 자신을 미워하고 누가 자신을 사랑하며 믿고 있는가를. 누군가에게 사랑받고 있는 사람은 역경이 있어도 극복한다네. 세상을 살아갈 에너지가 샘솟는다네.

특별한 경우지만 특별히 대우하지도 못했고 특별한 인연을 만들지도 못한 ○○군에게 이렇게 사랑받고 있다는 사실이 감동이라네. 그러니 그 가슴 터질 듯한 기쁨과 감동을 나만 느껴 보고 말 수는 없잖은가? 주변 사람에게 부지런히 나누어 주다 보면 대한민국의 모든 사람, 더 나아가 전 인류에게 퍼져 나갈 수도 있겠지.

누군가가 그대에게 조그만 도움이라도 주었다면 감사하시오. 조금이라도 잘하는 것이 있다면 칭찬하시오. 사랑하는 마음이 든다면 말 하시오. 지금 즉시. 감사나 칭찬이나 사랑한다는 말 한마디가 사람들에게 기쁨과 삶의 에너지를 샘솟게 하는 것은 사실이지만, 그 양에는 차이가 있을 것이오. 중요한 것은 적시에, 바로 그때 해야 한다는 것이오. 시기를 놓치면 의례적인 인사말로 오해할 수도 있다네.

순수한 영혼과 바른 정신을 소유하고 있는 전우의 편지에 오늘 살아갈 강력한 힘을 얻었다네. 언제까지나 현재의 정의와 열정을 간직하고 세상을 밝히는 찬란한 태양이나 뭇 나그네의 길을 안내하는 밤하늘의 별이나 자신을 태워 세상을 밝히는 촛불처럼 빛을 발하기를 바라네. 소망하고 있는 천상천하 최고최강의 서울대 교수님이 되시기를 기원하며.

2007. 12. 11.(화)

겨울비 내리는 계룡산 자락에서 옛 전우 조자룡 드림

제3부 가족

여자는
존중받아 마땅하다
그녀는 현재 어머니이거나
언젠가
어머니가 될 것이기에

조자룡

하나

 사랑하는 아내에게

사랑하는 내 아내 삼숙씨, 세상이 그대를 속일지라도 너무 노여워하거나 슬퍼하지 마시오. 우리가 살아온 날이 너무 길다면 부모님이나 나이 든 노인들이 화를 내겠지만, 적지 않은 날을 살아오면서 이미 깨닫고 많이 느낀 것 아니오?

내가 성인군자가 된 것은 아니지만, 적어도 세상을 살아가는 요령은 좀 터득한 것 같소. 내가 원래 마음이 넓고 착해서가 아니라 그렇게 하지 않으면 살 수가 없기에, 원해서 선택한 방법이 아니라 어쩔 수 없이 하는 일이오. 수없이 많은 사람이 밉고 싫었지만, 나는 이 세상 사람 중 단 한 명도 미워하거나 배척하는 사람이 없소. 또 지금은 없지만, 계속해서 밉고 싫은 사람이 생긴다는 것은 알고 있소. 하지만 하루 만에 끝이요. 한 잔의 소주로 저 기억의 끝, 망각의 바다로 처넣어 버린다오.

　사람들은 자신에 대하여 관심이 많고, 다른 것에 대해서는 그렇지 않아도 자신에 대한 것만은 유일하게 빨리 깨닫는다오. 물론 나를 포함해서 말이오. 아둔한 내가 그럴진대 똑똑하다고 생각하는 세상 사람들은 얼마나 빨리 깨닫겠소? 내가 자신을 미워하고 원망한다는 사실을.

　다른 사람이 나를 미워하고 싫어하면 내가 힘들 듯이 내가 그를 미워하고 싫어하면 그 역시 힘들 것이오. 그뿐만 아니라 역습을 준비하고 언젠가 기습할 것이오. 세상에 적이 있다는 것은 상대방도 힘들겠지만 나 또한 힘들기에 적은 존재해서는 아니 되오, 단 한 명도.

　부족한 남편을 만나 늘 고생만 하는 것 잘 알고 있고 항상 미안한 마음뿐이오, 겉으로 표현은 잘하지 못하지만. 언젠가 내가 살아온 길과 사상과 철학을 당신에게도 알려 주겠지만, 어제 당신이 속상해하는 모습을 보고 바쁜 시간에 부지런히 두드리고 있소. 퇴근 시간이 얼마 남지 않았구려. 말로는 표현이 잘되지 않고, 당신을 설득할 수 없기에 글을 남기오. 부하들에게는 수없이 떠든 말을 말이오.

　이제는 어쩔 수 없이 내 인생의 일부분이 되어버린 당신의 삶도 아름다워야 하겠기에 지나온 날보다는 더 당신을 사랑하고 기쁘게 할 수 있도록 노력하겠소. 여보, 사랑하오.

　2005. 4. 16.(토) 아내 생일에

둘 ✏ 혜연이가 좋아하는 것

세상이 어지럽고 시끄러워도
아빠나 엄마가 힘들어하거나 번민에 빠져 있어도
언제나 천진난만한 미소와 재롱으로
즐거움과 활력을 제공하는 막내딸 혜연이.

주먹만 한 아기로 태어난 것이 엊그제 같은데
어느덧 여섯 살이 되어 온갖 여우 짓을 합니다.

출근할 때 뛰어와 안아주고 뽀뽀해 주고 악수하고
잘 다녀오라면서 용돈 달라 하고
퇴근할 때 저돌적으로 아빠 품에 안겨 높이 안아달라 떼쓰고

앉아 있으면 자연스럽게 무릎 위에 턱 걸터앉고
누워 있으려면 올라타고

혜연이가 좋아하는 것을 잘 알고 있습니다.
먹을 것은 웬만하면 모두 좋아하고
게임이나 만화를 좋아하고
먹을 것 많이 만들어 주는 엄마를 좋아하지요.

하지만 질문을 하면 영 딴판이지요.
"혜연이는 무엇을 제일 좋아하지?"

세 살 때까지는 무조건 아빠였고
네 살 때는 엄마가 없으면 아빠였고
엄마가 있으면 슬쩍 엄마 눈치를 보고 나서
엄마 아빠라고 대답하였지요.

그러더니 다섯 살에는 대답이 조금 달라졌습니다.
첫째, 하나님
둘째, 엄마
셋째, 아빠
넷째, 언니
다섯째, 오빠, 오빠는 가끔 때리고 놀리니까요.

이렇게 묻지 않은 답까지 하던 혜연이에게
어제도 심심해서 또 물어보았습니다.
첫째, 하나님
둘째, 대한민국
셋째, 엄마
넷째, 아빠
다섯째, 언니
여섯째, 오빠

순위에는 변동이 없었지만 새롭게 끼어든 것이 있었습니다.
언젠가 아빠가 좋아하는 것을 묻기에
첫째는 대한민국
둘째는 아연이랑 상연이랑 혜연이
셋째는 혜연이 엄마
넷째는 부모님이라고 말하면서
혜연이도 대한민국을 좋아하면 좋겠다고 말했더니
그것을 기억하고 말한 것이었습니다.

사실이야 어떻든 기분이 좋았습니다.
아빠 기분 좋아라고 하는 말이지만,
아빠가 했던 말을 기억하고 말하는 것이 귀엽지 않습니까?

아빠는 왜 하나님을 제일 좋아하지 않느냐고
묻는 아이가 귀엽습니다.
아빠는 종교가 없어서라고 하였지만
아이가 이해하는 것 같지는 않습니다.
좋아하는 순위에서 밀렸지만 서운하지도 않습니다.
교회를 다니라고 허락하면서 이미 그럴 줄 알았기 때문입니다.

그리고 살아가면서 그사이게 끼어들 것이 많이 있다는 것도 압니다.
10대에는 친구를 더 좋아할 것이고
20대에는 애인을 더 좋아할 것이며
30대에는 남편이나 그 자식을 더 좋아하겠지요.
그것이 순리이고 인간의 본능이기에 기꺼이 받아들일 것입니다.

마음은 항상 아이들과 놀아주고 싶은데
왜 그런지 늘 심신이 피곤해서 귀찮기만 합니다.
그래서 늘 다음에 같이 놀아준다고만 대답하지요.
이제는 큰딸과 아들은 아빠하고 노는 것을 포기한 눈치입니다.
아직 아빠를 잘 이해하지 못하는 막내만
요구사항이 많습니다.

유치원 재롱잔치를 하는데 아빠랑 꼭 같이해야 한다면서
아빠 할 거냐고 조심스럽게 묻는 혜연이가 안타깝습니다.
처음부터 해야 한다고 떼쓰지 못하고
늘 함께하지 못하는 아빠기에 혹시나 하고 묻는 막내딸이
부쩍 커 버린 느낌입니다.

아빠가 꼭 가서 같이 한다고 하니
마치 세상을 다 얻은 것처럼 환호작약하는 혜연이를 보면서
마음 한구석이 어두워졌습니다.

약속은 지킬 수 있을 때 지키는 것이 아니고
반드시 지켜야 하는 것이 기에
약속을 지키려고 합니다.
세상에 싫은 것보다는 좋은 것이 많은 혜연이가 기뻐하도록.

2005. 11. 9.(수)
대대장 영상편지

셋
✎ 즐거운 어버이날 되세요

부모님께

안녕하세요? 저 아연이에요.

오늘은 교회에서 어버이날을 맞아서 편지를 쓰고 있어요.

우리를(제 동생과 저를) 잘 키워주셔서 감사해요.

가끔(아니 자주) 속 썩여서 죄송해요.

맨날 안 그런다, 그러면서도 죄송해요(또다시 그럴 테지만).

그래서 다시는 안 그러겠다는 말은 생략할게요.

매일 잘 돌봐주셔서 감사해요.

그럼 이만 쓸게요.

** 추신 : 즐거운 어버이날 되세요!

2006. 5. 7.
교회에서 아연이(초등학교 5년)가

〈답글〉

　세상에서 가장 착하고 똑똑하고 예쁜 내 딸 아연아, 언젠가도 이야기하였지만 아연이가 처음 태어났을 때는 경이 그 자체였단다. 아들이냐, 딸이냐, 예쁜가, 미운가 하는 것은 전혀 문제가 되지 않았지. 이전에는 전혀 생각해 보지 않은 생명의 신비로움에 대하여, 너무나 당연하다고 생각한 생명의 신비에 대하여 다시 생각하게 되었지.

　아빠는 정말 너희를 사랑한단다. 가끔 너희가 엄마 말을 듣지 않을 때나 아빠가 싫어하는 일을 할 때는 짜증이 날 때도 있고, 화가 나거나 슬퍼질 때도 있지만, 그래도 사랑한단다. 이를테면 거짓말을 하거나, 해야 할 숙제를 하지 않았다거나, 잘 모르는 동생을 놀리거나 때릴 때는 가슴이 아프지.

　남자는 울어서는 안 된다고 늘 말하는 아빠지만, 남자도 여자와 같은 사람이기에 울지 않을 수는 없단다. 다만 험한 세상에서 나라를 지키고 가족을 지키기 위해서는 약해져서는 안 되기 때문에 스스로 최면을 거는 것이지, 강해지려고. 하고 싶은 말은 많지만, 나중에 아연이도 커서 어른이 되면 자연스럽게 알게 될 거야.

　아빠가 써 놓은 글을 보게 되면 너희가 어렸을 때 아빠가 살던 모습을 얼마간 알 수 있을 거야. 착하고 영리한 우리 아연이는 아빠나 엄마가 기대하는 사람보다 훨씬 훌륭한 사람이 될 거야. 언제 어디서나 환하게 빛나는 태양이나 별처럼, 혹시 빛나는 사람이 될 수 없다면 모든 사람에게 꼭 필요한 소금 같은 사람이 되길 바란다, 아빠는.

'딸아 세상을 빛내는 빛이 되어라. 만약, 빛이 될 수 없거든 소금이 되어라. 모든 사람에게 꼭 필요한 소금 같은 사람.'

'촛불은 자신을 태워 세상을 밝히고, 소금은 자신을 녹여 음식에 맛을 낸다.'

아연이는 아빠가 어떤 사람이 되기를 바라는지 잘 이해할 거야. 정말 오랜만에 받아 보는 편지 아연아, 고마웠다. 그리고 답장이 늦어 정말 미안하다. 사랑한다. 아연아.

2006. 5. 24.(수)

넷 ✎ 상연이 편지

아버지께

아버지 안녕하세요?

저는 상연이에요.

아버지 어버이날 축하드려요.

저희에게 용돈도 주시고, 생활비도 구하시고,

저희를 보살펴 주셔서 감사해요.

아버지 사랑해요.

이제 할 말이 없네요.

2006년 5월 7일

상연이(초등학교 3년)가

〈답글〉

　세상에서 둘도 없는 아들, 잘 생기고 똑똑한 상연아, 현재도 티 없이 맑고 밝게 자라는 상연이를 보면 종일 힘든 일을 하여 몸과 마음이 지쳐도 다시 힘이 솟는단다. 아빠에게 있어 자식들은 영혼과 정신을 정화 시켜주는 천사들임과 동시에 육신이 늙어가도 에너지를 되살아나게 하는 힘의 원천이지.

　아마 지금까지 혼자 살아왔다면 세상 사는 것이 너무 힘들어서 죽어 버렸을지도 모른단다. 아빠가 상연이에게 남자는 울지 않는다. 쓰러지지도 않는다. 좌절하거나 포기하지도 않는다고 말하곤 하지만, 정말 세상 사는 것은 쉬운 일이 아니란다. 그래서 상연이에게 바라는 것은 사실 공부를 잘한다거나 잘 생기는 것보다도 건강하고 튼튼한 것을 바란단다. 태어나면서부터 아토피 피부병이 있어서 먹을 것도 제대로 못 먹는 상연이를 보면 너무나 가슴이 아프단다. 세상이 원망스럽기도 하지. 세상이 오염되어서 생긴 질병이라고 생각되기 때문에. 하지만 세상사는 사람들은 무언가 아픔을 갖고 있게 마련이란다. 상연이가 더 자라면 알게 되겠지.

　아빠도 예전처럼 용감하거나 똑똑하거나 끈질기거나 강하지 못하지만, 최소한 다른 아빠만큼 살아가려고 노력하고 있단다. 점점 늙어가는 육체와 정신 때문에 가끔은 고민이 되지.

　사람은 혼자서는 살아갈 수 없는 사회적 동물이란다. 그래서 주변 사람과 잘 어울려서 조화롭게 살아가는 것이 무엇보다 중요하지. 아빠가 엄마나 너희와 잘 지내야 하는 것처럼. 혼자 노는

게 즐겁고 재미있더라도 가능하면 친구와 함께, 친구가 좋아하는 것을 하면서 놀고, 함께 하는 것이 좋다. 축구를 못 하더라도 계속해야 하는 거지, 못 한다고 하지 않으면 영원히 잘할 수 없을 테니까.

아빠가 사랑하는 아들, 똑똑하고 잘생긴 상연아, 바라는 것은 많지만 가장 바라는 것은 건강하게 사는 것과 친구들과 잘 지내는 것이란다. 컴퓨터보다는 사람이 더 중요하단다. 친구들과 함께 기뻐하고 슬퍼하고 즐기고 호흡하고 느끼는 것이 더 중요하단다.

아빠는 상연이가 용감한 사나이, 멋진 남자가 되길 원해. 용감하고 멋진 남자가 되기 위해서는 그 무엇보다도 튼튼한 몸이 우선이지. 틈나는 대로 운동해서 아직 허약한 몸을 단단하게 만들어라. 하고 싶은 말은 많지만, 다음에 하마. 오랜만에 받은 상연이 편지 정말 반가웠다. 아빠가 사랑하는 용감하고 씩씩한 아들 조상연 파이팅!

2006. 5. 24.(수)

다섯
 사랑하는 아버지께

요즘 날씨가 좀 추우시죠?
일하느라 힘드실 텐데 귀찮게 해 드린 것 죄송해요.
이제부터는 공부를 열심히 할게요.
그리고 그동안 늦게 잔 것 죄송해요.
이제부터는 일찍 잘게요.
그동안 돈도 없으실 텐데 용돈 주셔서 감사해요.
아빠, 사랑해요. ♡

2007년 12월 5일 수요일
아버지를 사랑하는 상연 올림

〈답글〉

아들아! 이 세상에서 오직 하나뿐인 사랑하는 아들 상연아! 잘 알고 있겠지만 아연이와 혜연이랑 더불어 아빠가 세상에서 존재해야 하는 가장 큰 이유 중 하나가 바로 너의 존재란다. 모두 사랑하는 자식이지만 어쩌면 아빠가 살아온 길을 똑같이 살아가야 할지도 모르는 상연이는 또 다른 의미란다. 그래서 아마도 너에게도 힘겨운 삶이 될 것이 틀림없는 인생에서 조금이라도 남과 비교해서 덜 힘들고 행복하게 살아가기 위해서 강제로 공부도 시키고, 삶에 대한 자세나 태도와 한결같이 성실한 삶을 살아가도록 유도하고, 가르치려고 노력하지만 잘 실천하지는 못하는 것 같다.

마음만은 세상에서 가장 사랑하는 아들이 세상에서 가장 튼튼하고 단단하며 우수한 사람으로 만들고 싶지만, 아빠만의 욕심이겠지. 아빠는 잘생기고 똑똑하며 공부도 잘하는 상연이가 자랑스럽지만, 아토피 피부병으로 인하여 먹을 것도 제대로 못 먹고 야윈 아들을 보면 아빠는 마음이 무척 아프단다. 네 잘못이 아니고 선천적으로 생긴 병이기 때문에 어쩔 수 없지만, 최소한 건강해지려고 노력을 해야 한단다. 나중에 자라서 군인이나 경찰, 아니 최소한 가장이 되어 한 가정을 이끌며 지키고, 한 남자의 역할을 위해서는 머리도 우수하고 공부도 잘하고 직업도 잘 가져야 하지만, 기본적으로 튼튼한 몸이 최고란다. 그러기 위해서는 조금 맛이 없는 음식이나 입맛에 맞지 않는 음식도 사양하지 말고 먹어야 하지.

기본적으로 음식은 맛으로 먹는 것이 아니고 살기 위해 먹는 것이란다. 건강한 몸을 유지하기 위하여 더 열심히 먹는 상연이를 보고 싶다. 아마 아빠 짐작이지만 엄마는 엄마가 만든 음식을 상연이가 열심히 먹는다면 가장 행복해할 것으로 생각한다. 재미있는 얘기지? 상연이가 건강하고 잘 먹는 것이 엄마, 아빠의 커다란 행복이 될 수 있다는 것이. 세상의 모든 부모는 모두 한 마음이란다. 자기 자식이 잘 먹고 잘 놀고 건전하고 건강하게 살아가는 모습을 볼 때, 기뻐하고 즐거워하는 모습을 볼 때, 무언가에 감사하고 행복해하는 모습을 볼 때 가장 행복하단다. 상연이가 엄마와 아빠를 사랑한다면 사랑하는 엄마와 아빠를 위하여 늘 밝고 건강하게 자라기를 바란다.

상연이가 준 큰 선물(편지) 정말 고맙고 크리스마스와 연말을 즐겁게 재미있게 보내고 새해에는 더욱 건강하고 복 많이 받기를 바란다. 아들아, 세상에 오직 하나뿐인 아들 상연아, 사랑한다. ♡ ♡ ♥

2007년 12월 18일 화요일

남자 중에는 상연이를 가장 사랑한다고 주장하는 아빠가

여섯
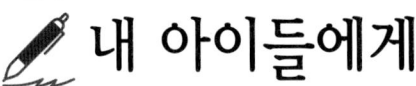
내 아이들에게

니들이 알아?

    사랑하는 아연이 상연이 혜연아, 예쁘고 잘생기고 똑똑해서 엄마와 아빠에게 기쁨과 희망을 주는 자랑스러운 아들딸들아, 함께 살아온 날이 많았지만, 함께 살아가야 할 날이 얼마 되지 않을 것 같아 슬픈 아빠다. 그래서 봄나들이 가자고 했을 때 너희가 가기 싫은 것처럼 엄마랑 아빠도 꼭 가고 싶은 것은 아니란다. 세상에서 가장 사랑하는 너희에게 즐겁고 행복한 추억을 남겨주고 싶은 마음에서 무리하다고 생각되는 등산을 요구한 거지.

    아빠는 술 한잔하고 TV를 보면서 느낀 것이 있어서 한밤중에 자판을 두드리고 있단다. 아까 너희에게 한 말 중 잘못한 게 있어서.

    "웃기는 사람들 노는 것 보지 말아라."

그런데 그 웃기는 사람들이 나와서 하는 말 들었다. 밤늦게 혼자서. 천하장사였던 강호동이 개그맨 시작할 때 이경규가 한 말을 하더라. '우스운 사람 되지 말고, 웃기는 사람 되어라.'

아빠는 자라온 환경이 웃기는 사람도 우스운 사람도 되면 안 되었고 너희도 그런 사람이 되는 것을 원하지 않기 때문에 심하게 말을 하였다. 그 사람들한테도 얼마나 많은 사연이 있겠니? 현재 그 사람들은 스타지만 아빠 맘에 안 드는 부분이 있어서, 너희에게 큰 도움이 되지 않을 것 같아 예능 프로그램을 보지 말라 한 거지.

세상은 말이다. 웃기는 사람이든, 지키는 사람이든, 공격하는 사람이든 정말 살아가기에 쉽지 않은 거란다. 역사에서 보듯이 영웅이 되려면 수만 명의 목숨을 빼앗아야 한단다. 물론 많은 부하의 희생도 필요하지. 군대에서 스타가 되려면 30년간 노력해야 가능성이 있지. 그래서 아빠는 개그맨이나 탤런트나 영화배우나 운동선수들이 진정한 스타는 아니라고 생각해. 그렇지만 그 사람들도 얼마나 많은 역경을 견디어 왔겠니. 아빠가 그렇게 함부로 말하면 안 되겠지. 너희가 그렇게 되지 않기를 바라는 마음에서 욕을 하였지만, 정말 미안하다.

사실은 아빠도 어렸을 때, 할아버지가 많은 반대를 하였어도 곧 죽어도 '웃으면 복이 와요'라는 프로그램을 보았단다. 심각한 것보다는 재미있는 것이 좋았고 그럴 나이지. 아빠는 유치해서 보지 않아도 웃기고 재미있는 것을 자주 보려무나. 물론 숙제를 하고 나서.

　그래도 한마디 하고 싶은 말은 웃고 웃기고 사는 것은 좋지만, 웃기는 사람보다는 주변 사람에게 즐거움을 주는 사람이 되기를 바란다. 더욱 좋은 것은 감동을 주는 사람이지만. 많이 웃는 사람이 다른 사람을 웃길 수 있는 것처럼 많은 감동을 하는 사람이 다른 사람을 감동하게 할 수 있단다.
　잘 살아갈 것으로 아빠가 확신하는 아연이 상연이 혜연아, 세상 사람들에게 기쁨과 즐거움과 감동을 주는 삶을 살아가려무나. 그러기 위해서는 현재에 최선을 다해야 하겠지. 잘 자고 내일은 아주 행복한 날이 되기를 기도할게.

2008. 3. 17.(월) 00:40
웃기는 것이 즐겁지 않은 나이가 되어버린 아빠가
(예능 프로그램을 좋아하는 아이들에게 화를 낸 날)

일곱
🖊 아내에게

　여자보다 아름다운 그대 이름은 아내, 어려운 세상, 어려운 시기에 태어나 어려운 사람을 만나 고생하고 있는 당신, 비록 순수한 감성은 무디어져 가고 육체의 노쇠와 비례하여 강렬한 정열은 사라져가고 있지만, 언제나 마음의 평안을 주려고 노력하는 나머지 반쪽이오.

　그녀가 현재 어머니이거나 미래의 어머니일 것이기 때문에 여자가 존중받아야 하듯이 아연이 상연이 혜연이의 헌신적인 어머니이자, 삐뚤어진 사고방식과 돌출행동으로 곤란하게 하는 한 남자의 자상한 아내이며, 물려준 재산 없이 기대치만 높은 시부모의 더할 나위 없는 며느리인 당신을 사랑하지 않을 수 없소.

　세상이 마음먹은 대로 되지 않는 일이 다반사지만, 때로는 슬프고 고통스러우며 절망스럽고 비참하기도 하지만, 가끔 있는 유쾌한 소식 하나에 모든 걸 날려버리고 늘 밝고 아름다운 미소로 살아가기를 바라오. 살아오면서 항상 당신의 도움으로 내가 견디어 왔듯이 비록 세상에서 제일 훌륭한 남편, 멋진 남편은 아니더라도 당신이 다소라도 의지할 수 있는 남편이 되도록 힘쓰리다.

여자보다 어머니가 더 용감하고 강인한 인내력을 발휘하듯이 아버지라는 사람도 가족이 있을 때 힘을 내는 존재라오. 언제까지나 사랑하는 아이들과 더불어 내 곁에서 용기와 희망을 주는 존재로 남아 주오.

당신 생일과 내 생일과 결혼기념일과 혜연이 생일이 같은 달에 몰려 있어 남들은 따로 축하하고 축하받을 걸 한 번에 몰아서 하는 게 아쉬울 거요. 기회가 적은 만큼 더 알차고 즐겁게 보냅시다. 열세 번째 결혼기념일을 진심으로 축하하오.

2008. 4. 15.(화)
세상에서 오직 하나뿐인 아름다운 여자,
내 아내를 사랑하며
함께하는 삶에 진정으로 감사하는 당신의 남편

여덟
큰딸 아연이 성인 되던 날

중학교 1학년인 큰딸 아연이가 아직도 철없는 아이처럼 행동하여도 어느덧 육체는 성숙하여 어른이 되었다. 요즘에는 초경을 하게 되면 부모가 축하 파티를 해준다지만 아이에게 걱정하지 말라는 의미에서 하는 행사일 수는 있으나 도저히 축하해주고 싶지 않은 마음이 드는 것은 왜일까?

남녀평등 사회가 되고 여권이 신장 되었다고는 하지만 역사적으로 사회적으로 그리고 가정에서 보아 왔던 수많은 사례에서 어머니의 고달픈 삶을 많이 보아온 나로서는 딸이 어른이 되었다는 말에 마음이 무겁고 가슴이 아려온다. 비록 철부지라서 아빠의 마음을 아프게 할 때도 있지만 언제까지나 티 없는 아이로 남기를 바라는 것은 너무 큰 욕심일까?

세상에서 가장 위대한 존재는 바로 어머니라는 사실을 너무나도 뼈저리게 느끼고 살았고 내 딸이 그 위대한 어머니가 될 자격을 갖추었다고 하니 당연히 감사하고 축하해야 할 일이건만 알 수 없는 비애가 몰려오는 것은 진정으로 큰딸 아연이를 사랑하며 가장 위대한 존재가 되기까지 어머니의 시련이 너무나 크다는 것을 아직 아무것도 모르는 아연이가 알게 될 것이기에, 아프다.

그렇지만 세상의 모든 어머니가 그래왔듯이 아무리 험난한 난관과 시련과 고통과 역경이 닥쳐와도 모든 것을 슬기롭게 헤쳐나가는 강인한 엄마, 인자한 엄마, 지혜로운 엄마, 따뜻한 엄마, 세상에서 가장 위대한 엄마가 될 것으로 믿는다.

네가 엄마가 되면 네 엄마의 너무나 너를 사랑하는 마음과 너에 대한 연민과 기대, 희망, 집착 등을 알게 될 것이다. 아이를 키우면서 비로소 어머니에 대하여 완벽하게 이해하고 세상 사람들이 얼마나 소중한 존재인지도 알게 되겠지.

사랑하는 딸 아연아, 육체적으로는 성숙했을지 몰라도 아직은 가냘프고 백지 같은 영혼을 지녔을 철부지 딸 아연아, 어머니를 많이 사랑하고 어떠한 어려운 일이 있어도 어머니의 각오와 마음자세로 극복하는 가장 훌륭한 여자, 엄마가 되기를 바란다. 가장 훌륭한 엄마가 될 것이 틀림없는 사랑하는 딸 아연아, 어른이 된 것을 축하한다.

  2008. 8. 7.(목)

  어른이 된 큰딸 아연이 에게

아홉
✎ 사랑하는 아들, 딸들아

사랑하는 아들, 딸들아 오랜만에 아빠가 힘겹게 살아가는 주변 사람들을 보면서 아들, 딸들이 잘살아갈 방법이 무엇인지 고민하여 나름대로 결론을 내어 글을 쓰고 있다.

불과 2년 전 일이지만 아빠가 진급을 못 하여 매일 불면과 소화불량에 시달리며 온갖 세상 고민을 혼자서 떠안은 듯이 불확실한 미래에 몸부림친 것이 기억나는구나. 진급이 전부가 아니고, 출세하는 것이 삶의 전부가 아니라고 배웠건만 자신의 진로에 직접적인 영향을 주는 어떤 시기가 되면 결과에 집착하게 된다는 것을 알게 되었다. 이제까지는 비교적 수월하게 원하는 바를 얻어 왔기에 미래에 대하여 그렇게 비관적으로 생각을 하지 않았었지만, 중령 진급에 1차 실패하고 마지막으로 몰렸다고 생각하니 살아갈 방법이 무엇인지 정말 무던히도 고민이 되더구나.

　올해 아랫집 아저씨가 다행히 중령 진급을 하였지만, 그 과정이 그렇게 수월한 것은 아니었고 아빠 못지않게 고민과 고통의 세월을 보냈을 것으로 생각한다. 잘 사는 것이 무엇인가? 어떻게 사는 것이 훌륭한 삶인가? 수많은 철학자나 선지자가 고민하고 답을 내놓았지만, 어느 것이 정답 인지는 아무도 모른다.

　인간적으로는 부귀영화를 누리면서 명예로운 이름을 후세에 남기는 것이고, 철학적으로는 모든 욕망을 버리고 스트레스 없이 살아가는 것이고, 신학적으로는 신에 귀의하여 내세를 기약하는 것이라지만 그 어느 것도 정답 일지 의문이 든다.

　인간의 욕망에는 많은 것이 있지만 가장 기본적인 것으로는 식욕(食慾), 번식욕(繁殖慾), 수면욕(睡眠慾), 장수욕(長壽慾), 성취욕(成就慾) 등 다섯 가지 정도일 텐데 그중 성취욕을 제외하고는 모든 동물과 다를 바가 없다. 짐승조차 갖는 욕망이라고 해서 무시할 수 있는 것은 없고 그 중 어느 것이라도 부족하면 사람들은 고민하고 슬퍼하고 괴로워하는 거지. 결국, 잘사는 것이란 훌륭한 삶과는 차이가 있을지 모르나 근심 걱정 없이, 다시 말하면 자신이 원하는 바를 모두 이루면서 살아가는 것이다.

　원하는 것을 이루면서 살아가려면 가장 기본적으로 돈과 건강이 필요하다. 너희가 기본적으로 공부를 하는 것도 결국은 돈을 잘 벌려는 방편이다. 또 다른 측면에서는 정신력과 체력이 필요한데 정신력과 체력도 결국 돈을 버는 것에 관련이 있다. 동물의 왕국에서 볼 수 있듯이 모든 동물은 같은 종(種)끼리 생존경쟁을 한다. 사람이 잘살기 위해서는 호랑이나 코끼리와 경쟁을 하는 것이 아니고 같은 사람끼리의 경쟁에서 이겨야 살아갈 수 있다. 따라서 기본적으로 육체적으로 이겨야 하며 육체로 해결이 안 되는 부분은 정신으로 극복해야 한다. 문명이 발전하면서 육체보다는 정신이 더 중요해졌다지만 신체가 건강하지 않거나 체력이 뒤처지면 공부도 일도 할 수 없기에 어느 것이 더 중요하다고 할 수는 없다.

　세상에는 좋은 사람, 나쁜 사람, 착한 사람, 악한 사람, 약한 사람, 강한 사람, 유익한 사람, 해로운 사람 등이 존재하지만 그들이 처음부터 그렇게 구분된 것은 아니다. 나름대로 자신의 기준으로 최선을 다하였지만, 자신의 욕망을 다 채울 수가 없어 의도하지 않은 악인이 되었다. 어떤 악한 사람이 있다고 하여 그 자식이나 부모까지 악인으로 볼 수 없으며 이 말은 곧 선인이나 악인은 유전적인 요소보다는 후천적인, 즉 삶의 환경에 의하여 결정된다는 것을 알 수 있다. 따라서 모든 사람은 선과 악을 행할 준비가 되어있으며 자신의 생명이나 재산에 문제가 없으면 학교에서 배운 대로 기꺼이 선을 행하고자 하겠지만, 살아가는 데 커다란 문제가 생긴다면 타개를 고민하다 최후의 방법으로 악행을 고려할 수도 있다. 결론적으로 잘 사는 것은 좋지 않은 상황을 만들지 않기 위해 사전에 준비하고 노력하는 것이다.

　현재 너희는 인생의 긴 승부, 경쟁에서 승리하기 위해 준비하는 과정이다. 잘 먹고, 잘 자고, 많이 뛰어놀아야 하는 이유는 튼튼하고 건강한 체력을 기르기 위한 것이고, 공부를 열심히 해야 하는 이유는 좀 더 나은 직장, 자신이 원하는 일을 하며 살아가기 위한 것이다. 건강은 큰 병이 걸리지 않는 한 별 차이가 없기에 공부를 강조하고, 모든 부모가 자녀의 성적향상에 목메는 이유이다. 공부를 억지로라도 시키는 이유는 딱 한 가지, 자신의 자녀가 다른 사람보다 경쟁에서 처지지 않고 여유롭게 살아가거나 최소한 죽지 않고 살아남기를 원하기 때문이다.

학생에게 있어 무기는 타고난 재능과 노력이다. 재능이란 유전학적으로 조상에게 물려받은 선천적인 능력인데 아무리 우수한 재능이라도 노력을 이길 수는 없다. 그러나 동등한 노력이라면 재능을 가진 자가 이길 수밖에 없다. 따라서 공부를 열심히 하되 자신의 장점이 되는 부분을 더욱 열심히 하여 다른 사람과 차별화하는 것이 성공의 지름길이다. 성적이 중요한 것은 성적 자체가 인생의 성패를 좌우하는 것은 아니지만 좋은 학교로 진학하기 위한 거의 유일한 방법이며, 좋은 대학을 나오는 것이 취업이나 사회생활에 직결되기 때문이다.

아연이와 상연이와 혜연이는 두뇌에서도 외모에서도 부족함이 없다. 장애인은 별도로 해도 보통 사람보다도 우수한 두뇌와 뛰어난 외모를 가진 것에 부모로서 무한히 감사한 마음이다. 다만 재능이 아무리 뛰어나도 노력에는 이길 수 없다고 하였듯이 뛰어난 재능을 살리기 위해서 노력하지 않는다면 불행한 미래가 되겠지. 너희가 싫어하는 유용하지 않은 사람, 악한 사람이 될 수도 있다.

아연이에게 가장 뛰어난 장점은 뛰어난 기억력, 연산력, 논리적인 대화 등 학업적인 부분인데 이제 인생의 갈림길, 가장 중요한 중3이나 고등학교 3년을 보내기 위하여 무엇을 어떻게 준비해야 하는지 심각하게 고민을 해야 한다. 현재 학우들보다 성적이 비교 우위에 있다는 것은 심리적인 안정감을 줄 수는 있으나 그것이 전부가 아님을 알아야 한다. 언제까지나 모든 것을 1등 할 수는 없지만 적어도 고등학교 때까지는 한 과목 정도에서는 1등 할 필요가 있다.

상연이의 장점은 스스로 잘 알듯이 추리력이나 연산력, 도전적이고 적극적인 성격과 함께 잘생긴 외모이다. 현재도 열심히 하고 있지만 훌륭한 과학자가 되기 위해서 준비해야 할 것이 무엇인지 심사숙고해서 머릿속에 잘 정리해 두어야 한다. 모든 과목, 모든 분야에서 최고가 되기 위해서 노력하다가는 자신이 우위에 있는 부분에서도 동등 이하로 쳐질 수도 있으므로, 아빠가 보기에는 수학과 과학, 영어에 중점을 두어 공부해야 하며 특히 아토피로 인하여 전반적인 체력이 열세이므로 꾸준히 체력을 보강해야 한다.

혜연이의 장점은 우수한 두뇌와 예쁜 외모 외에도 예술적인 분야에서 특히 뛰어나다. 아빠는 자기 자식만 잘되라고 학원 보내는 것을 반대하지만 학교 성적을 올리기 위해서가 아니라 자신의 재능을 키우기 위해서라면 보내야 한다고 생각하기에 언니나 오빠와는 달리 일찍부터 미술학원에 보내는 것이다. 비단 돈 때문이 아니라 위에서 여러 번 이야기 하였듯이 뛰어난 재능을 가지고 태어나 노력 부족으로 실력을 발휘하지 못한다면 먼 훗날 세상을 떠날 때 너무도 마음이 아플 것이다. 현재 잘하고 있지만, 더욱 열심히 그림 그리기를 하여 세계적으로 유명한 화가나 디자이너가 되길 바란다. 그리고 엄마와 아빠는 혜연이에게 가장 뛰어난 외모를 주었는데 사람이 가진 다섯 가지 욕망 중 식욕, 한 가지를 위하여 나머지를 포기할 수는 없지 않으냐? 성공이나 훌륭한 자녀를 두기 위해서는 훌륭한 배우자를 만나는 것도 중요한데 학력이나 건강 못지않게 중요한 것이 외모거든. 중학교 진학 이전에 보통 사람보다도 더 날씬한 혜연이가 될 것으로 믿는다.

모처럼 아빠가 긴 글을 썼는데 모두 이해가 될지 모르겠구나. 혹시 이해가 되지 않아도 여러 번 읽다 보면 이해가 될 거다. 요약하면 잘 살기 위해서는 타고난 재능을 살리면서 최선의 노력을 해야 한다는 것이다. 예쁘고 똑똑한 아연이와 혜연이, 잘생기고 똑똑한 상연이는 엄마와 아빠가 물려준 재능을 잘 살려서 가족과 사회와 국가와 인류에 큰 보탬이 되는 존경받는 선생님, 위대한 과학자, 아름다운 예술가가 되기를 기대하마.

컴퓨터 게임은 오락에 불과하다. 전혀 하지 않을 필요는 없지만 하면 할수록 손해라는 것을 알고 서로 많이 하려고 싸우지 않았으면 해. 예쁘고, 잘생기고, 착하고, 똑똑한 아들딸들아, 사랑한다. 무지무지하게 많이.

2008. 9. 17.(수)

아연이 상연이 혜연이가 자랑스러운 아빠가

열
🖋 늙는다는 것

 늙는다는 것은 서글픔이다. 늙은 사람들의 이야기가 아니고 아직은 늙지 않았다고 생각하는 내가 노인의 모습을 보고 느낀 거다. 세상에 태어나서 이룬 것은 별로 없지만 10대 초반에 할아버지를 여의고, 할머니마저 돈 벌러 타향으로 떠난 상황에서 고집과 깡다구로 한세상을 살아오신 아버지, 당연히 학교 근처에도 가보지 못하셨으며 무학이었어도 어깨너머로 배운 한글로 버티면서 홀로 세상을 접하고 느끼고 깨달으며 살아왔건만, 누구보다 논리적이고 합리적이고 자기주장을 당당히 하면서 살아오신 아버지, 어려서는 다른 아버지들처럼 열심히 일도 하지 않고 제왕적 가장으로만 군림하려 하셔서 마음에 들지 않을 때가 있었어도 말씀만큼은 성인군자 뺨치도록 경우에 바랐던 아버지, 그런 아버지도 이제는 어린애와 마찬가지다.

잘 듣지 못하고, 잘 이해하지 못하고, 잘 기억하지 못하고 마음대로 행동할 수 없는 아버지를 보면 인생의 비애가 밀물 듯이 스며든다. 전화해도 받지 않으시고(벨 소리를 잘 못 듣는다) 매일 손자 손녀한테 전화해서 같은 소리,

"밥 먹었어? 잘 지내고? 놀러 와, 주말에 차 타고 놀러 와."

손자, 손녀는 서울에서 산다. 서울에서 예천까지 한 번 오려면 돈도 많이 들고 차량 노선도 복잡해서 애들이 자주 올 수 있는 처지가 아니다. 그래도 매일 전화해서 놀러 오라는 말뿐이다. 또 혼자서 집을 나가 서울 가서 손주 보고 온다고 하시곤 한다. 부대 내 군인아파트 집도 잘 찾지 못하시면서.

아들인 나 같으면 터무니없는 말씀이라며 강력하게 만류하겠지만 며느리인 아내는 한계가 있는 듯 몇 번 자가용으로 당일치기로 서울에 다녀오기도 했다. 서울에는 모실 자식이 마땅치 않아 숙박할 수 없기에 도로 예천으로 내려와야 한다. 그야말로 얼굴만 보고 내려오신다. 주말에 집을 찾으면 같은 레퍼토리다.

"네가 자룡이지?"

"예."

"어디서 근무한다구?"

"부산요."

"부산, 참 멀리서도 근무한다."

젊어서는 그렇게도 총명하고 바른말만 하시던 아버지도 흘러

가는 세월에는 견디지 못하고 진짜로 늙으신 거다. 거의 본능적인 수준으로만 보고 느끼고 말하고 행동하신다. 게다가 더욱 서글픈 것은 내 눈치를 본다는 아내의 얘기를 듣고 나서다. 홀로 세상의 무게를 지탱하였지만 홀로였던 만큼 세상에 두려운 것이 없었던 아버지, 독불장군처럼 살아왔던 아버지가 내 눈치를 보신다니……. 평소에 싫은 소리도 하지 않는데, 총기는 떨어졌어도 젊어서 벌어둔 돈 없이 자식 집에 얹혀산다는 것을 본능적으로 느끼시는 것이다. 그래도 마음 편하게 모시지 못하는 나의 편협한 속량이 아쉽다. 다음 주에 올라가면 금방 잊으시겠지만, 옛날이야기나 좀 할까나…….

어떻게 하면 멋지게 늙어갈 것인지, 어떻게 하면 그럴듯하게 세상을 떠날 것인지, 머리가 복잡해지는 요즘이다.

2012. 4. 28.(토)

열하나
 어머니의 우산

오늘도 일요일이라서 부모님과 함께 교회에 갔다. 하나님과 예수님을 믿어서가 아니라 어머니께서 너무나 간절히 원하시기에 함께 다니기 1년여, 어려서도 몇 번 과자 얻어먹을 욕심에 교회에 간 적이 있으나 분위기도 어색하고 사람들의 눈초리도 탐탁하지 않은 것 같아 도저히 갈 수가 없었으나 나이가 들어 낯이 두꺼워져서인지 종교에 대한 관용이 늘어서인지 그렇게 어색하지 않다.

장마철이라 추적추적 비가 내려 우산을 들고 가야 했다. 부모님도 나도 각자 우산을 들고 가서 예배를 마치고 나오는 길이었다. 많은 우산이 뒤섞여 있어서 자신이 가져온 걸 찾기가 만만치 않았다. 내 것과 아버지 것을 찾아 드리고, 어머니 것을 찾아 드리니 자꾸 이것이 아니라고 하시면서 본인은 큰 우산을 가져왔다는 것이었다. 집을 나설 때 일부러 우산을 자세히 보았기에 작은 것이 맞을 거라고 말씀드렸으나 자꾸 아니라고 하면서 큰 우산을 찾는 것이었다. 나이가 드셔서 기억력이 떨어지는 것은 이해하였으나 사소한 것에 욕심을 내는 것 같아 마음이 좋지 않아 역정이 났다.

"제가 분명히 봤다니까요. 그리고 그 우산 어제 제가 서울에서 사 온 건데 같은 것이 있을 리가 없잖아요."

퉁명스럽게 말하자

"그런가, 우산 바뀌면 아연이 애미가 뭐라 할 텐데."

"엉뚱한 소리 하지 마시고 빨랑 가요."

마음씨가 무척이나 순하고 선하신 어머니도 총기가 떨어지니까 자기 물건보다 좋은 물건에 욕심이 나시는 것 같아서 언짢은 마음으로 집에 돌아왔다. 집에 돌아와서 혹시나 하고 우산 함을 들여다보니 내가 사 왔던 우산은 집에 있는 것이 아닌가! 아, 내 눈으로 분명히 확인한 것 같은데, 사실이 아니었구나. 어머니는 자신의 기억이 분명함에도 자식의 역정에 그만 지고 마셨구나.

사람들이 가장 믿는 것은 자신의 눈으로 보고 귀로 들은 기억이지만 이렇게 기억이란 믿을 것이 못 된다. 그러니까 환각, 환청, 착시, 착각이라는 말이 있는 것이 아니던가. 정말 직접 보고 들은 것이라도 끝까지 주장할 바가 못 된다는 것을 다시 한번 깨달았다.

'어머니 죄송합니다. 다음에는 어머니 말 믿어 드릴게요.'

2012. 8. 13.(월)

열둘
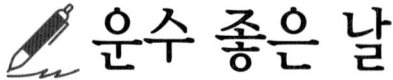
운수 좋은 날

일요일이라 교회에 가는 날이었지만, 부모님을 설득하여 강원도 동해안으로 단풍놀이 가기로 했다. 매스컴의 보도로, 그리고 차창 밖으로 보이는 풍경을 보면 단풍이 절정인데 부모님과 함께 단풍관광을 한 적은 없어서 태백산맥을 넘으면서 단풍을 구경하고 모처럼 맑고 푸른 동해를 바라보면서 마음의 때를 씻고 싶어서였다.

어차피 운전은 아내가 맡아 하므로 편안한 마음으로 차창을 바라보며 가을 여행을 즐겼다. 부모님도 평소에는 교회 때문에 다른 일을 하지 않지만, 일요일임에도 불구하고 아들과 처음 하는 단풍관광에 기대를 걸고 마음껏 즐기는 모습이었다. 삼사해상공원과 강구항을 거쳐 '해돋이공원'까지 드라이브를 하고, 배에서의 신호로 식당을 찾아 오르막을 오를 때였다. 갑자기 이상한 소리와 함께 차에 진동이 왔다. 급히 내려서 보니 좌측 뒷바퀴가 파열되어 있었다. 오르막에 커브가 심한 해안 길이어서 저속으로 가고 있었기 망정이지 대형 사고로 이어질 수 있었던 순간이어서 아찔하였다. 그리고 갑자기 짜증이 밀려왔다.

'하필이면 부모님을 모시고 여행을 왔는데, 이럴 때 이런 일이.'

'예천 근처도 아니고 태백산맥 너머 영덕까지 왔는데 이 먼 데서.'

'교회나 갔다가 낮잠이나 잘 건데 괜한 짓 했나?'

'왕복 2차선에 갓길도 없는데 어디서 작업을 하지?'

'저녁 여섯 시에 근무부대 복귀 기차표를 예매해 놨는데 그때까지 갈 수는 있으려나?'

'타이어를 교체한 시기도 얼마 되지 않았는데 이게 무슨 일인가?'

'재수가 없으려니까 별 게 애먹이네.'

별의별 생각이 다 들었지만 우선 비상 타이어로 교체를 위해 차를 출발시키고 교체할 장소를 찾았다. 다행히 20여 미터 앞에 공사장이 있어서 공터에 차를 세우고 스페어타이어를 꺼내고 공구를 챙겼다. 그런데 스페어타이어가 가관이었다. 거짓말 하나도 보태지 않고 딱 오토바이 바퀴였다.

'이걸로 교체해서 갈 수는 있으려나?'

생전 해 보지 않은 타이어 교체작업을 하려니 공구를 사용하는 방법도 잘 모르겠고, 힘은 들고, 쩔쩔매고 있는데 마침 공사장 인부들이 와서 5분 만에 뚝딱 교체해 주었다. 사례하려니 극구 사양하여 감사의 인사를 하고 영덕의 정비센터를 찾아 출발하였다.

가다 보니 정비업체는 많은데 하나같이 근무를 하지 않는 것이었다. 저 먼 예천까지 어떻게 가나 하는 걱정이 앞섰지만, 방법이 없으니 포기하고 주유소에 기름을 넣으려고 들렀다. 주유하고 나서 근처에 맛있는 식당을 추천해 달라고 부탁하였더니, 100여 미터 떨어진 곳의 식당을 추천하였는데, 식당에 도착해 보니 바로 옆집이 차량 정비센터가 있었고, 근무는 하지 않지만 마침 사장이 일 때문에 출근해 있었다. 사정을 설명하고 작업을 부탁하자 이러저러한 사정 때문에 자신이 해 줄 수는 없고, 근처에 새로 생긴 한국타이어 대리점이 생겼는데 자신이 전화로 부탁해 본다고 하였다. 한국타이어 대리점 사장한테 부탁하자 20여 분 후에 출근해서 타이어를 교체해 줄 테니 기다리라는 것이었다. 불행 중 다행이란 이때 쓰는 말이구나 하는 생각으로 안도하고 편안한 마음으로 식사를 할 수 있었다.

타이어를 10만 원에 교체 후에 집으로 돌아오는 길에 아내가 한 말이 걸작이었다.

"오늘은 큰 행운이었어요. 고속도로에서 타이어가 파열되지 않아 대형 사고를 막을 수 있었고, 마침 오르막에 급커브 길이어서 저속상태에서 발생했고, 근처에 공사장이 있어 원거리 주행을 하지 않고 교체할 수 있었으며, 공사장 인부들이 대가 없이 교체작업을 해 줘서 수월하게 작업을 마쳤고, 기름이 떨어져서 주유소에서 식당을 추천받을 수 있었으며, 식당 옆 정비센터도 휴무였으나 사장이 출근할 일이 있어 부탁할 수 있었고, 사장님의 도움으로 타이어 대리점 사장이 연락되었으며, 휴무일임에도 불구하고 대리점 사장이 흔연히 승낙하여 임시 타이어로 수백 킬로를 운전해야 하는 불상사에서 벗어날 수 있었네요. 이렇게 겹쳐서 행운이 따른 오늘은 정말 운수 좋은 날입니다."

새 타이어가 하필이면 여행 중에 터져 시간도 낭비하고 돈도 허비한 재수 없는 날이었다고 생각하였으나, 아내의 말을 들으니 일견 그럴듯하였다. 사람들은 불운을 한탄하나, 그 불운이라는 것도 생각하기 나름 아니겠는가? 슬퍼하고 노여워하지 마시라! 의도대로 이루어졌다고 그 결과가 언제나 행복한 것도 아니고, 의도의 반대 결과가 언제나 불행한 것도 아니며, 인생사 새옹지마요, 전화위복이라는 말도 있으니.

2012. 11. 9.(금)

열섯
 출판

세상에 쉬운 일은 없다. 오직 즐기기 위한 일이라면 쉬울 수도 있다. 그러나 적은 양이라도 돈을 벌기 위한 일이라면 어렵다. 직장 생활을 하는 사람은 늘 피곤하다. 일 자체도 힘들지만, 구성원 간 원만한 인간관계를 유지해야 하기 때문이다.

성품이 원래 훌륭한 사람이야 큰 문제가 없겠으나 모든 이가 성인군자일 수는 없으므로 사소한 일로 갈등이 생기게 마련이다. 갈등을 예방하고 해소하는 노력이 스트레스를 유발한다. 그 대상이 상관이라면 더 큰 문제가 된다. 그래서 어떤 샐러리맨도 고달프다.

거기에 비하면 프리랜서는 행복한 편이다. 시인 소설가 화가가 프리랜서라면 인간관계로 스트레스를 받지는 않는다. 문제는 소득이다. 거의 거지 수준이다. 그래도 마음이 편안하니 굶주리지만 않는다면 샐러리맨보다는 낫다. 수십 군데 출판사에 원고를 보냈다. 매일 몇 군데서 답장이 온다.

먼저 저희 출판사에 관심 가져주시고
귀한 원고를 보내 주셔서 감사합니다.
편집부에서 선생님의 원고를 논의해 본 결과
출간 방향과 맞지 않아
저희 쪽에서 진행이 어렵다는 판단입니다.
좋은 소식 알려드리지 못해 죄송하며
더 좋은 인연으로 다시 뵙길 기대 하겠습니다.

주로 이런 식의 거부내용이다. 한 마디로 내 글에 투자할 수 없다는 말이다. 한 술에 배부를 리 없지마는 2년째 이러니 힘이 빠진다. 그래도 실망은 할망정 절망은 하지 않으련다. 당장 굶어 죽을 형편도 아니니 더 노력하면 좋은 날이 오겠지.
 타인의 수중에 있는 돈을 빼앗아 오는 건 쉽지 않다. 좋은 물건으로 소비를 유도하는 것도, 교묘한 말로 사기를 치는 것도, 협박해서 강탈하기도 쉽지 않고 위험 부담이 따르지. 세상은 만만하지 않다. 어떤 직장도 호락호락하지 않지. 지금부터 차분하게 취업 준비 잘해서 금전 걱정 없이 살아가기 바란다.

2020. 4. 28.(화)
아이들에게

열넷
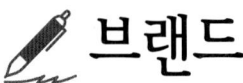 브랜드

자신만의 고유한 브랜드를 만들어야 한다. 브랜드는 상표다. 물건의 품질 기준이 아니라 고유 이름이다. 사람들이 브랜드를 찾는 이유는 신뢰하기 때문이다. 유사제품이 넘쳐나는 현대 자본주의 세상에서 제대로 된 물건을 맨눈으로 식별하기란 사실상 불가능하다. 자신이 써 본 제품이나 타인의 추천에 따라 선택할 수밖에 없다. 제품의 품질보다 브랜드가 더 가치 있는 이유다.

사람도 마찬가지다. 누구나 출발선은 대동소이 하지만 성인이 되어 신뢰받는 정도는 다르다. 물건이 성능이나 품질만으로 선택받을 수 없는 것과 마찬가지로 사람도 인격과 지식과 재능만으로 인정받고 역사에 기록될 수 없다. 자신만의 우월한 브랜드를 만들어야 하는 이유다.

한국 현대문학에서 빼놓을 수 없는 사람이 춘원 이광수와 미당 서정주다. 일제강점기부터 우수한 문학작품을 무수히 배출하였다. 그러나 빼어난 재능이나 작품의 우수성만큼 존중받지 못한다. 그들의 지식이 모자라거나 재능이 떨어지거나 문학성이 낮아서가 아니다. 그들의 친일 행적 때문이다. 그들은 인물 사전에 '친일반민족행위자'로 기록되어 있다.

'님의 침묵'으로 유명한 만해 한용운과 '서시'로 유명한 시인 윤동주는 문학사적 위치에서는 춘원과 미당에 비하면 보잘것없지만, 현대문학에서 가장 추앙받는 사람이다. 한용운은 3·1운동 민족대표 33인 중 한 사람으로서 1944년 타계 시까지 독립운동과 민족계몽 운동에 불태웠다. 윤동주는 독립운동 혐의로 체포되어 해방 직전인 1945년 2월 옥사하였다.

'무정'이나 '국화 옆에서'가 '님의 침묵'이나 '서시'보다 글이 모자라서 덜 읽히는 게 아니다. 아름다운 글이라도 그 지은이의 행적이 겹쳐져 진정성이 차이 나는 것이다. '님의 침묵'이나 '서시'를 읽으면 가슴이 두근거리며 폭발할 것 같은 감동이 오는 이유는 글 자체에서 오는 것도 있지만 그들의 삶 자체가 투영되기 때문이다.

해박한 지식을 쌓고, 합리적이고 명쾌한 사리판단과 훌륭한 연설이나 글만으로는 부족하다. 물론 그중 몇 가지만이라도 타인보다 탁월하다면 생존에 지장은 없을 것이다. 그러나 자신이 가진 것 이상 평가받으려면 사고와 말이 옳아야 할 뿐 아니라 행동이 일치해야 한다.

열심히 노력해서 훌륭한 지식을 쌓아라. 끊임없는 사색으로 진리를 탐구하라. 타인이 감동할만한 말이나 글을 쓸 수 있는 능력을 배양하라. 거기에 더해 옳다고 판단한 그대로 말하고 행동하라. 자신을 특정 분야의 전문가가 아니라 위대한 브랜드로 창조하라.

2020. 4. 30.(목)

제4부 인생

인생이란
무거운 짐을 지고
자기를 찾아 떠나는
긴
여행이다

조자룡

하나
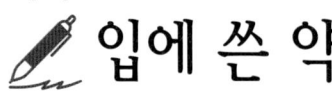 입에 쓴 약

입에 쓴 약이 몸에 좋다는 옛말이 있습니다.
좋은 약이 반드시 쓰다는 뜻이 아니라
좋은 약이 먹을 때는
입맛에 맞지 않는 경우가 많다는 뜻일 겁니다.

우리는 입에 쓴 약을 먹을 줄 알아야 합니다.
또한, 입에 쓴 약도 권할 수 있어야 합니다.

그렇지만 우리는 입에 쓴 약을 멀리합니다.
그리고 입에 쓴 약을 권하기를 꺼립니다.
바로 먹는 사람이 싫어하기 때문에

그 사람으로부터 미움을 받지 않으려는 마음 때문입니다.

입에 쓴 약을 싫어한다는 소문이 나면
아무리 중병에 걸려도 적당한 약을 권하지 않습니다.
왜냐하면, 입에 쓴 약을 주고 미움을 받을 정도로
그 사람을 사랑하지 않기 때문입니다.

가장 사랑하는 처자식이나 부모님이라면
아무리 입에 쓴 약이라도 권할 것입니다.
상대로부터 미움을 받는 한이 있어도
살리고 싶은 사랑하는 마음이 더 강하기 때문입니다.

동료나 부하로부터
부모님이나 처자식처럼 사랑받지도 못할진대
도움이 되는 조언을 구하려면
입에 쓴 약을 좋아하지는 못하더라도
입에 쓴 약을 싫어한다는 소문은 내지 말아야 합니다.

주변 사람으로부터 도움을 받고자 한다면
싫은 소리를 경청할 수 있는 인내심을 키워야 합니다.

자신을 돌이켜 보십시오.

과연 오늘 하루 입에 쓴 약을 권한 사람이 몇이나 되었는가를.
권하는 사람이 없었다면
지금부터라도 노력해야 합니다.

자신이 정말 위기에 빠졌을 때
그 위기를 구해줄 사람은 주변에 있습니다.
멀리 있는 친구나 가족이 아니지요.

위기를 구해줄 상관이나 동료, 부하들이
마음껏 조언할 수 있도록 마음의 문을 여십시오.
당장 듣기는 거북할지 모르지만
하루만 지나도 생각이 바뀔 수 있습니다.

누군가가 당신의 좋은 조언을
쉽게 받아들이지 않는다고 해서 마음의 문이 닫혔다고
속단하지 마십시오.

그 사람은 지금 그 일을 생각할 여유가 없을지도 모릅니다.
아무리 열린 마음의 소유자라도
어떤 중요한 일에 골몰하거나
알 수 없는 큰 위기에 몰렸을 때는
소소한 감기, 몸살약을 쓸 겨를이 없을 것입니다.

좋은 약이라 할지라도
환자의 상태나 주변 상황을 잘 판단하여
필요로 할 때 제시하는 사람이 현명한 의사일 겁니다.

좋은 예로 삼국지의 명의 화타는 조조에게
두개골을 쪼개 두통을 낫게 하겠다는 건의를 하였다가
끝내 옥사하게 되고
그의 명 의술을 기록한 저서도 전해지지 않게 되었습니다.

의사로서 최선의 처방을 하였지만
환자가 수용할 상황이나 여건이 미비했기 때문이지요.

그래서 현명한 사람은
먼저 상대방에게 충분히 신뢰를 쌓은 다음
때를 기다렸다가
때가 무르익으면 비로소 말을 합니다.

부하를 충신으로 만드는 것도
상관을 어진 이로 만드는 것도
결국, 바로 자신입니다.
2003. 3. 17.(월)
공군교육사 신임 소위들에게

둘
곪은 상처는 언젠가 터진다

사람들은 다치지 않으려 노력하지만
다치지 않을 수는 없고
다친 곳을 잘 보살피지 않으면 곪게 됩니다.
한번 곪으면 아무리 노력해도
언젠가는 터지게 됩니다.

사람들은 행복을 추구합니다.
그러기 위해서 건전한 정신과
건강한 육체를 유지하기 위하여 노력합니다.
하지만 살아가는 동안 닥치는 여러 상황은
정신을 흩뜨리고 건강을 해치게 하지요.

한번 흐트러진 정신과 상처 입은 육체도
잘 다스리면 다시 살아나지만
소홀히 하면 돌이킬 수 없는 길을 가야만 합니다.

'손바닥으로 하늘을 가릴 수는 없다'라는 말이 있습니다.
자신이 남몰래 하는 선행이나
남들에게 알려지고 싶지 악행이
본인의 노력과 관계없이 세상에 알려진다는 말일 것입니다.
선행이야 관계없겠지만
알려지기 싫은 악행은 하지 말아야 합니다.

알려지지 않을 것을 생각하고 악행을 한다면
아주 멍청한 사람이며
알려져도 상관없다고 생각하는 사람은
정신적으로 이미 삶이 소멸한 사람일 것입니다.

알려지지 않을 것을 생각하고 하였든
알려져도 상관없다고 생각하고 하였든
좋지 않은 일을 한 사람들을 매스컴으로
또는 주변에서 많이 보게 됩니다.
그런 것들은 우리를 우울하게 합니다.

그들은 왜 그렇게 살아갈까요?

부모님이 잘못 가르쳐서일까요?
아니면 학교에서 잘못 가르쳐서일까요?
우리가 살아가는 사회가 잘못돼서일까요?
그 모든 것이 한 이유가 되겠지만
결국은 본인의 가치관의 문제입니다.
아무리 삶이 고단하더라도 남에게 피해를 주면 안 되지요.
언론에서 사기꾼이 많이 등장하지만
그래도 세상에는 사기꾼보다는 당하는 사람이 많은 법입니다.

사람들이 자라면서 배우는 것은
단지 알기 위해서만은 아닐 것입니다.
초등학교 때 배우는 바른 생활은
초등학교 때만 지켜야 하는 것이 아닙니다.
평생을 살아가면서 지켜야 할 지표이며
사람들이 배우는 것은 실천하기 위해서입니다.

행복하기 위하여 필요한
건전한 정신과 건강한 육체는 모두 중요하지만
한 가지를 선택하라면 건전한 정신을 선택해야 할 것입니다.
병든 몸을 가진 건전한 사람은

남에게 큰 해악을 끼치지는 않겠지만
사악한 정신을 가진 건강한 사람은
많은 사람에게 큰 피해를 줄 수 있기 때문입니다.

나의 행복이 가장 중요하지만
다른 사람의 행복도 내 것 못지않다는 것을 이해할 때
함께 행복해질 수 있을 것입니다.

한번 생각해 보십시오.
자신의 정신이 흐트러진 곳이 없는지.
자신의 육체에 상처 난 곳이 없는지.
있다면 즉시 바로잡고 치료하십시오.
돌이킬 수 없는 길을 가지 않으려거든.

2003. 8. 21.(목)
공군교육사 신병 교육 중

셋
 노병의 아내에게 바치는 노래

긴 세월
조국의 영공방위를 위해
청춘을 불살라 몸 바친 노병이 물러설 때
생각나는 것이 있습니다.
생각나는 사람이 있습니다.

군에 입문한 지 어언 34년,
그 기간 거의 전부를 함께 했던 사람
바로 아내입니다.
배운 것도 가진 것도 없으며
잘나지도 똑똑하지도 않지만

긴 세월을 하루같이, 변함없이 사랑하며
오직 남편만을 위하여 헌신 봉사한 아내가 있습니다.

조국이라는 또 다른 개체를 사랑하는 남편이기에
돌아오는 사랑의 양이 적었지만
원망하지도 슬퍼하지도 않았습니다.
그의 아내가 된 것이 운명이었기에
운명을 거부할 수 없었기에

돌이켜 생각해 보면
그 기간은 각고의 모진 세월이었습니다.
아직 세상 물정 모를 적에
달콤한 속삭임에 넘어가 시작한 결혼생활
멋있는 신혼여행도 없었고
무뚝뚝한 그이기에
아기자기한 재미도 없었습니다.
하루가 멀다고
야간 비행 임무 지원 후 한밤중에 퇴근하고
무슨 작전이며 훈련은 그렇게 또 많은지
도무지 남편 볼 시간이 없었지요.

쥐꼬리만 한 월급을 타며

무슨 놈의 회식은 그렇게 잦은지
남은 월급봉투를 보면
절로 한숨이 나왔습니다.
비록 금액은 적지만 남편이 새벽부터 밤늦게까지
땀으로 얼룩진 돈이기에
소중한 돈을 함부로 쓸 수 없었습니다.
쪼개 쓰고, 또 쪼개 쓰고
어느새 결혼 전보다 더 억척스러운
또순이가 될 수밖에 없었습니다.

그렇지만 아무리 소중한 돈이지만
남편의 건강보다 더 소중할 수는 없었기에
반찬만큼은 고기 한 점이라도 올리려고 노력하였지요.
남의 속도 모르고
'내가 토끼냐, 염소냐, 풀만 먹고살란 말이냐?'
하는 남편의 반찬 투정에
남몰래 울기도 하였지요.
철없는 아이들은 필요한 것이 왜 그리 많은지
날마다 돈을 달라고 손을 벌렸습니다.
뛰어나게 잘난 자식은 아니지만
기죽이는 것이 싫어서
빌려서라도 손에 쥐여 주곤 했습니다.

그런 모든 것이 사는 걸 힘들게 하였지만
후회는 없습니다.
비록 남편이 호의호식을 시켜주지는 않았지만
술이나 여자 문제로 걱정을 끼치지도 않았고
부대에서 업무나 대인관계로 욕을 먹지도 않았으며
자라면서 말썽도 부렸지만
이제는 장성한 자식들이 듬직하니까요.
남편은 오랜 공직생활로 가슴에 훈장이 남았지만
제게는 이제는 늙어버린 남편과
두 명의 딸과 한 명의 아들이 전 재산이지요.

긴 세월 힘들게 고생하신 아주머니,
수고하셨습니다.
하지만 함께한 시간보다 살아갈 시간이
더 많습니다.
이제는 야간 비행 지원도, 훈련도
조국 수호에의 부담도 없는 아저씨께서
지금까지 못다 한 즐거움과 사랑을
듬뿍 주실 것입니다.
그리고 아주머니께서는 잘 모르시겠지만
그간의 힘들었던 세월이
아저씨에게는 결코 헛된 세월이 아니었습니다.

조국 대한민국에 대한
불타는 충성심과 사랑,
자유와 평화를 위한 열정과
선 · 후배 동료에 대한 뜨거운 전우애는
영원히 후배들의 가슴속에
살아 숨 쉴 것이기에.

인생은 60부터랍니다.
이제부터는 가정과 두 분 사이에
항상 평화와 행운과 행복만이 함께 하도록 빌겠습니다.
안녕히 가십시오.

2005. 5. 27.(금)
전역하는 김○○ 준위 아내에게 드리는 편지

넷
🖊 살아온 날을 돌아보며

 무섭게 흐르는 세월을 느끼며 문득 살아온 날을 돌아봅니다. 지지리도 가난하게 살아온 지난날, 어떻게 살아야 하는지, 무엇을 이루어야 아름다운 삶이 되는지 알지 못하고, 단지 앞만 보고 달려온 지난날이 주마등처럼 스쳐 지나갑니다.

 불같은 혈기로 정의와 민주화를 외친 젊은 시절도 있었고, 일하는 재미에 빠져 날이 새도록 미친 듯이 일한 적도 있었습니다. 사랑에 빠져 정신적으로 헤매기도 하였고, 어떤 때는 일이 풀리지 않거나 실수로 인하여 고통스러워한 적도 있지만, 주변의 많은 사람과 함께 어려움을 헤쳐 나올 수 있었지요.

 좋은 일도 많이 있었습니다. 어려운 업무를 마치고 상관에게 칭찬 들을 때는 밤새워 일한 피로가 일시에 사라지기도 하였고,

자식이 생길 때도 나중에 해야 할 고생이야 어떻든 생명의 신기함에 거대한 희열을 느꼈으며, 2002년에는 단군 이래 최초라고 할 정도로 온 국민이 한 가지 사실에 일치단결하여 열광하고 환호하는 모습을 보고 전신을 휘감는 전율적인 감동도 맛보았습니다.

살면서 작은 실수는 있었지만, 남을 괴롭힌 적도 미워한 적도 없었으며, 하나밖에 없는 내 조국 대한민국을 열렬히 사랑하였고, 공군에 입문한 이래 영공방위라는 사명감으로 청춘을 바쳤습니다. 조금은 세상을 비관적으로 본 적은 있어도 바른 정신과 반듯한 영혼을 가지고 있다고 자부도 하지만, 오늘을 살아가는 지금은 왜 이렇게 힘든지 모르겠습니다. 나만 그런지 동기들도 그런지 알 수 없지만, 나는 멍청하였습니다.

꼭 때가 되어서 보고 느껴야 비로소 무언가를 깨닫는 우둔한 놈입니다. 이제까지 선배 중 존경하는 사람은 손으로 꼽을 정도지만, 어느 날 갑자기 그들이 존경스럽게 보입니다. 진급 여부를 떠나 그 지난한 세월을 견디었다는 사실이. 모두가 겪고 느끼는 것이기에 아무렇지도 않게 생각하였지만, 그들이 겪었어야 할 고통이나 아픔을 이제야 조금은 알 것 같습니다.

인간이란 아주 하찮은 존재라서 10년이나 20년 후에는 아무렇지도 않을 일에 슬퍼하고 고통스러워합니다. 대범해지자고, 의연해지자고 마음속으로 다짐해 보지만 그때뿐입니다. 내가 내 마음을 통제할 수 없다는 사실을 깨달았을 때 한없이 초라해지는 내 모습을 발견할 수 있습니다.

사람이 사랑하면 시인이 된다고 하였던가. 요즘 들어 내가 써 놓은 글을 보고 감회가 새로울 때가 많은 것을 보면 무언가 마음이 흔들리고 있나 봅니다. 아무 잘못도 없이 고민하고 고통스러워야 하는 오늘을 사는 우리는 모두가 불행해 보입니다. 하지만 고난의 끝에서 느끼는 절정의 환희를 위해 잘 버텨야겠지요. 나뿐만이 아니고 또래의 동기들이 모두 비슷한 어려움에 빠져 있다고 생각하면, 위로가 되지 않고 가슴이 아픕니다. 하지만 다른 방법이 없기에 모두 슬기롭게 극복하고 먼 훗날 허리가 굽은 할아버지가 되어 시원한 정자에서 젊은 날 겪어야 했던 우리 삶의 모습을 유쾌하게 이야기할 수 있기를 바랍니다.

진급에서는 모두가 승자가 될 수 없겠지만, 또 다른 인생의 승부에서는 모두가 승자가 되어 후손에게 자랑스러운 선조로 기억될 수 있는 동기들이 되었으면 하는 것이 욕심 많은 예천 무장대 대장의 바람입니다.

혹시 아무런 근심 걱정 없이 오늘을 살아가는 사람에게는 실례겠지만, 공연히 알 수 없는 고독이라는 심연의 바다에 빠져 허우적거리면서 비슷한 사람에게 위로라도 된다면 좋을 것 같아 두서없이 지껄여 보았습니다.

금년에도, 내년에도, 당당하게 늠름하게 거침없이 전진하는 동기 후배가 되시기를 소망합니다.

2005. 6. 8.(수)
진급심사를 앞둔 동기 후배들에게

다섯
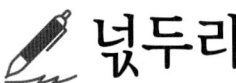 넋두리

진급발표 하루 전이다. 충분히 짐작하고 예상하지만, 그래도 마음 한구석에서 무언가 극적인 결과가 나오기를 바라는 것은 어쩔 수 없는 속물 인간이어서인가? 아니면 물에 빠진 사람이 지푸라기라도 잡으려는 심정에서의 나약함인가?

마음을 비운 듯하지만, 또다시 번뇌에 빠지는 자신을 보면서 한편으로는 한심하기도 하고 한편으로는 안타깝기도 하다. 늘 당당 하라 큰소리쳤지만, 정말 그렇게 할 수 없음을 잘 안다. 자신감만으로 당당할 수 없으며, 어떤 결과는 자신감을 삭제시키기에 처음처럼 당당할 수는 결코 없다.

책상 앞에 앉아도, 대대원 앞에 서도, 한없이 초라해지는 나를 저들은 잘 알까? 아무것도 할 수 없는 심정을 이해할까? 공연히 기름값 낭비하며 라인이며 탄약고를 둘러보는 내 눈에는 보이는 것이 없다. 아무것도 보이지 않는다. 다만 무의식적으로 길을 따라 운전을 할 뿐. 신을 믿지 않을 정도로 자신의 정신과 의지와 예지를 믿는 스스로 열혈남아 조자룡이 너무나 한심하다.

대범하게, 대범하게, 의연하게, 의연하게……. 아무렇지도 않다. 아무렇지도 않다. 고통스럽지도 슬프지도 않다. 후회도 원망도 하지 않는다. 내가 갈 길, 가야 할 길은 달리 있을 것이다. 운명이란 없다. 내 의지가 반영된 정해진 앞날이란 건 없다. 내가 알 수 없는 것이나, 내가 하지 않은 것, 내 의도나 의지가 반영되지 않았거나 반영할 수 없는 것만 운명일 뿐이다.

가슴속으로, 마음으로 아무리 고민이 되고 고통스러워도 겉으로 표현하지 않을 수 없을까? 항상 부하들에게 말했듯이 영화 속의 주인공처럼 멋진 장면을 연출할 수 있도록, 주변 사람들이 기분을 맞추기 위하여 노력하고, 한마디의 말도 조심하는 것을 보면 더욱 의연하고 초연해야 하는데, 전대장의 아주 조심스럽고 사려 깊은 배려의 말조차 위로가 되지 않는다.

어느 정도 알고는 있었지만 다른 사람과 비교해서 조금도 낫지 않은 자신의 모습에 실망스럽고 경멸감마저 든다. 학교에서 배우는 것은 알기 위해서가 아니고 실천하기 위해서라고 그렇게 강변하던 자신이었건만, 정작 자신은 아니었단 말인가? 원인과 과정이 중요하고 결과는 어쩔 수 없다고 배웠고 마음먹어 왔는데 그것이 가식이었단 말인가? 지금까지 한 모든 말과 행동이 오직 진급 때문이었단 말인가? 아니다. 그럴 리가 없다. 미래에 대한 희망과 꿈에 영향을 주었을지는 모르지만, 그것이 전부였을 리는 없다.

조국과 가족과 조직을 먼저 생각하고 그것을 위해서 헌신 봉사한다고 생각한 내 생각이 착각이었을까? 심하게 흔들리는 자신의 마음을 억제하지 못하고 아무 생각도 일도 할 수 없는 망연자실한 나의 모습을 보면 정말 의아하지 않을 수 없다. 과연 내일은 잘 살 수 있을까? 과거와 같이 조국의 영광을 앞에 세우고 공군과 분야와 가족을 위하여 전심전력을 다 할 수 있을까? 지극히 사랑하고 자랑스러운 우리 무장대대와 장병을 잘살 수 있도록, 미래에 대한 희망과 꿈을 가질 수 있도록, 몸과 마음을 다하여 설득하고 끌어줄 수 있는 열정이 존재할까? 알 수 없는 일이다.

이젠 각오를 해야 한다. 어려서부터의 꿈이었고 젊은 청춘을 다 바친 장교의 길이었지만 이제 길을 바꾸어야 한다. 두려움 없이 새로운 길을 가야 한다. 앞날이 어떠할지 어떤 장애물이 도사리고 있는지 알 수 없지만, 가슴을 펴고 힘차게 당당하게 나아가야 한다. 사랑하는 사람들을 위하여, 나를 위해 눈물지을 사람들을 위하여, 언제까지나 나의 영혼으로 남을 새끼들을 위하여……

2006. 9. 7.(목)
중령 진급 2차 탈락을 예상하며

여섯
늙은 군인의 노래

꿈 많은 청소년 시절,
남들은 의사다 과학자다 선생님이다
경제적으로 사회적으로
여유 있고 인정받는 직업과 직책을 꿈으로 하여
부족한 머리를 감싸 안고
공부하기에 여념이 없었지만
싫은 공부조차도 열심히 할 수 없었습니다.

하고 싶은 일도 많고
장부로 태어나 세상에 흔적을 남기고 싶은 마음은
남보다 조금도 떨어지지 않았지만

주어진 현실은 너무나 가혹하였기에
자신의 꿈을 위하여 공부를 주장할 수 없었습니다.

늙으신 부모님이 걱정되고
자라나는 동생들의 앞날도 진심으로 걱정되었기에
빨리 사회에 자리 잡아 돈을 벌며 살아가야겠다는 현실감에
어쩔 수 없이 마음속에 자리 잡기 시작한
꿈이라는 단어를 접고
당시에는 누구도 원치 않는 군인의 길을
걸어야 했습니다.

아직은 체력도 영혼도
다듬어지지도 길들지도 않은 홍안의 열일곱 어린 나이에
자신의 키만 한 M1 소총을 들고
총검술에 제식훈련에 사격에 유격 훈련까지
얼차려로 연병장을 돌 때는
끊어질 것 같은 팔 때문이 아니라
또래의 친구와 같이
공부나 연애 같은 것으로 고민할 수 없는
현실의 애달픔 때문이었습니다.

고된 일과가 끝나고 침상에 누우면

주마등같이 스쳐 지나가는 고향산천과
부모님과 형제와 친구 생각에
몸을 뒤척이며 잠 못 이루는 밤이 허다하였고
깊은 잠으로 불침번 임무를 못 하여
선생님이나 선배에게 매 맞을 때는
매 맞은 엉덩이보다는
마음이 아파 울었습니다.

아! 그러나 울 수가 없었습니다.
대장부로 태어나 세상을 호령하겠다는 자신에 대한 다짐과
멀리 자식을 보내 놓고
언제나 마음 졸이며 자식을 위해 기도하는 부모님과
제복이 멋있다며 기대하고 의지하는
세상 물정 모르고 티 없이 자라나는 동생들의 모습이
항상 뇌리에 뚜렷하였기에.

책에서 배운 대로 살아가리라!
원했던, 원하지 않았던 이미 걷기 시작한 길이라면
그 누구에게도 지지 않고
끝까지 힘차게 걸어가리라!
혹독하게 마음을 다져가며
주어진 상황이나 난관을 견디고 이겨내고 극복하였습니다.

그 길은 편안한 길도 아니었고
인간의 인내를 시험하는 극한의 순간도 있었지만
언제나 슬프고 고통스러운 길은 아니었습니다.
바로 초등학교 '바른 생활' 시간
가끔 보는 반공 영화 관람 시간에 배우고 느꼈던
사랑하는 조국 대한민국을 수호한다는
사명감과 자부심에
보람과 쾌감을 느낄 때도 있었지요.

특이한 학창시절 같지 않은 학창시절이 끝나고
부사관으로 임관할 때의 기분은 날아갈 듯하였습니다.
모든 고생이 끝나고
밝은 미래와 희망의 나래가 펼쳐질 것 같았지만
아~ 그것은 혼자만의 달콤한 생각이었습니다.

카리스마가 최고인 것으로 아는
무식하고 몰상식한 지휘관이나 선배들은
지침이나 지도 없이
군인은 '무에서 유를 창조하는 사람'이라는 것만 강조하였고
피 끓는 전우애를 다짐했던 동기들은
본인의 앞가림하기에 급급하여
주변을 돌볼 여유조차 없었으며

개념 없고 철없는 후배 부하들은
자신의 이익만 챙기며 늘 불평불만이어서
그들 사이에 샌드위치가 되어버린 아직도 덜 단련된
어린 청춘은 멍들어갔습니다.

그래도 사나이라고, 남자라고, 군인이라고 다짐하면서
업무에서도 운동에서도 인생에서도
결코, 패배하거나 좌절하지 않으리라고
부실한 육체는 더욱 혹독하게 단련하고
나약한 영혼에는 강한 향기를 심어주고자
불철주야 노심초사하였습니다.

젊은 나이에 견디기 힘든 시련이었지만
작지만 단단한 몸과
지식은 부족하지만
강력한 정신으로 무장한 군인으로 다시 태어나
세상을 향해 자신 있게 큰소리칠 때
그때가 전성기였지요.
무쇠라도 삼키면 소화 시킬 수 있는 혈기가 있었고
주어진 일은 무엇이라도 완수할 수 있는
자신과 열정이 있었습니다.

어여쁜 여자와 인연이 되어
여러모로 부족한 여건에서도 아름다운 사랑을 키울 수 있었던
행복한 시간도 주어졌고
상관으로부터 업무적으로 인정받고
동료로부터 남자의 의리로 인정받고
후배로부터 사랑과 배려로 인정받는
주변 사람으로부터
얻는 것보다는 주는 것이 많은 사람이 되었을 때
가슴 뿌듯한 만족감과 쾌감을 느낄 수 있었습니다.

자식을 낳아 세상에서 자기 자신보다
더 사랑할 수 있는 사람이 있다는 것을 알게 되었고
부모 처지에서 자식을 보니
세상의 모든 사람이 얼마나 소중한 존재인지도
알게 되었습니다.

직무 지식도 늘고
사랑도 알고
주변 사람들에게 소중한 존재로 인정받아 행복한 날은
그러나 영원한 것이 아니었습니다.

가장 사랑하는 조국과 조직으로부터 배신감을 느낀 적도

사랑하는 여인의 배신도 겪게 되면서
세상의 모든 것을 버리고자 생각도 해 보았지만
자신보다 더 자식을 더 사랑하는 부모님 생각에
가슴 가득 쌓인 울화를 참을 수밖에 없었습니다.

세상이 주는 깊은 삶의 비애를
참고 견디는 방법은
일에 몰두하여 잊는 방법밖에 없었고
그래서 주어진 일은 더 완벽하게 할 수 있었습니다.
늦은 밤 퇴근길에
동료와의 소주 한 잔은 고달픈 애환을 날려버리는
한 줄기 청량제로 충분하였지요.

그렇게 소년 시절부터
머리가 희어지고 다 빠질 때까지
언제까지나 사랑할 수밖에 없는 조국 대한민국과 가족,
아니 온 국민을 지키기 위하여 노력하다 보니
막상 자신을 위해 이루어 놓은 것은
너무도 미미하였습니다.

학력도, 사회에 대한 지식도 부족하고
모은 재산도 별로 없으며

대장부로서 세상에 내세울 만한 공적도 없습니다.
그저 깊이 파인 주름살과 줄어든 머리카락과
굳은살로 솥뚜껑 같은 손발과
구부러진 허리와 근력이 떨어진 팔다리가
지난 세월의 험난했음을 증명할 뿐.

지난날을 돌이켜 보면
분명 회한도 있지만,
아! 아~ 그러나 후회하지 않습니다.
남자로 태어나 단 하나만을 위해서 살아온 것을.
재산이 부족하고 내세울 만한 것이 없어도
현재의 나를 괄시하는 당신들을 지켜온 과거를.
지금은 하고 싶어도 할 수 없지만
현재 조국의 발전된 모습은 내 영혼을 희생한 산물임에랴!

가슴에 패인 깊은 상처를 숨기고
언제나 선두에서 사자후를 내뿜으며 적토마같이 질주하던
대한민국의 늙은 군인,
최강의 사나이이자 영혼이 향기로운 남자,
진정한 군인의 혼인 깃든 강력한 무장전사
전역하는 박○○ 감독관님께 바칩니다.

2007. 11. 29.(목)
2007년 초겨울 어느 날
함께 했던 시간을 가장 행복했던 추억으로 간직한
조자룡이 드립니다.

〈답글〉
활기차고 패기 있는 대대장님의 목소리와 함께
분에 넘치고 감동하는 격려의 편지에
감사하고 감사하기만 합니다.

어려운 한고비를 대대장님의 가슴 따뜻한 도움으로 이겨내어
제한 나이까지 달려올 수 있었던 것 같습니다.

진솔하기만 한 대대장님의 마음이 담긴 제 인생의 서사시를
한자, 한자 마음속에 새겨
앞으로의 삶에 아름답게 승화될 수 있도록 하겠습니다.

한 사람의 마음을 읽을 수 있다는 것은
열린 가슴으로 바라보는 지혜가 있었기 때문일 것입니다.

다시 한번 머리 숙여 감사드리며

우리의 영원한 대대장으로

앞으로도 공군을 위하여 밝고 힘차게 이끌어주시기 바랍니다.

전역 후에도 지금 여기에 충실한

열정적인 인생을 사는 것이

대대장님의 바램이라 생각하고 열심히 살겠습니다.

예천기지 무장대대 박○○ 준위 드림

일곱
 등산

    휴무일에 산에 가는 사람들을 보면 참 한심한 사람들이라는 생각을 합니다. 체력단련으로 한다면 재미있으면서도 충분한 운동이 되는 축구나 농구, 테니스, 골프 등 구기 종목이 많고 취미생활의 하나라면 힘들지 않으면서도 즐길 수 있는 바둑이나 장기, 독서, 게임, 낚시 등 종목이 얼마든지 있는데…….
    늘 느끼는 거지만 그저 생각만으로는 깨닫지 못하고 경험해야 무언가를 알게 되는 하찮은 존재라는 것을 알게 됩니다. 등산이 체력단련에 도움이 되고 훌륭한 취미생활일 수 있지만 진정한 의미는 다른 데 있습니다. 바로 정신을 건강하게 해준다는 것이지요.
    등산하면 정신이 맑아집니다. 모든 생물에게 주어진 어쩔 수 없는 숙명, 생존을 위해 치열하게 경쟁해야 하는 사회에서 무언가를 이루기 위하여 늘 고심해야 하는 사람들에게 운동이나 취미활동이 많은 도움을 주는 것이 사실이지만 등산이 주는 의미는 색다릅니다. 우선 인공의 건물이나 시설, 항상 접해야 하는 사람들이 대상이 아니라 순수한 자연의 정취와 어우러지면 순간적으로나마 모든 고민을 잊게 됩니다. 어떤 깊은 슬픔이나 고통까지도…….

등산하면 인생을 깨닫게 해줍니다. 살다 보면 언제나 즐겁고 기쁜 일만 있는 것이 아니라 때로는 고통스럽거나 슬픈 일을 접하게 되듯이 완만한 길을 오르면서 경이로운 경관에 감탄하거나 황홀하기도 하지만, 급경사 길의 고난과 계곡과 암벽과 낭떠러지 등 시시각각으로 닥치는 온갖 장애물을 만나면서 육체적인 고통에 산행을 후회하기도 하지요. 정상에 이르러서의 절정의 환희를 느낀 후 내리막길에서는 고생 끝 행복 시작이라는 안도감과 고갈된 체력 때문에 사고가 발생하기도 합니다. 무언가를 성취 후 순간의 방심으로 깊은 나락으로 떨어지듯이…….

등산하면 정상으로 가는 길에 쉬운 길은 없다는 것을 알게 합니다. 설악산이나 월악산 지리산 같은 명산 거봉은 물론이고, 다소 수월할 것 같은 대둔산이나 계룡산 금오산도, 만만해 보이는 와룡산 미륵산 각산도 오르다 보면 힘들다는 생각이 절로 듭니다. 심지어는 왕복 한 시간 거리인 앞산, 옆산, 뒷산도 쉬지 않고 오르기란 쉽지 않지요. 큰 산과 작은 산에 오르기 위한 에너지의 소모량과 육체적으로 느끼는 고통에는 분명 차이가 있겠지만, 사람들이 느끼는 것은 다만 힘들다는 점입니다.

이름 없는 작은 산의 정상에 이르기도 힘이 드는데 모든 사람이 이르기를 갈망하는 정상인 최고의 운동선수, 연예인, 감독, 과학자, 장군, 대통령에 이르는 길은 얼마나 힘이 들겠습니까? 아니, 소집단에서의 정상의 위치를 차지하는 것도 결코 쉽지 않은 일입니다. 산은 그런 것을 사람들에게 깨우쳐 줍니다.

이미 산을 사랑하는 사람들이라면 이 글이 우습겠지만 아직도 산에 오르기를 저어하는 사람이라면 몇 번의 산행을 실천해 보고 인생의 목적이나 목표를 향해 묵묵히, 꾸준히 전진하여 정상에 서는 순간의 희열과 감동을 체험하시기 바랍니다.

2008. 1. 15.(화)
지인에게 등산 권유

여덟
 참회

가진 것 없이 태어나 생존본능만 있던 시절, 나는 사람을 사랑하지도, 존중받아야 한다는 사실도 부정하였다. 단지 남자는 강하고 똑똑하고, 여자는 예쁘고 날씬해야 하며, 경쟁에서 승리하는 사람만이 존재의 의미가 있는 것으로 생각하였다. 그래서 욕설과 구타와 싸움은 삶의 일상이었다.

환경이 많이 바뀌어 고등학교, 대학교 시절 이후에는 욕과 싸움이 줄었으나 마음속의 생각마저 바뀐 것은 아니었다. 아이들이 생기고 사람을 존중하고 사랑해야 한다는 사실을 비로소 깨달았으나 경쟁에서 이겨야 한다는 생각까지 바뀐 것은 아니었다. 그래서 내가 속한 조직이나 집단은 무엇이든 승리를 해야 했고 승리를 추구했다. 그 과정에서 많은 마찰과 인격적인 무시와 모독도 있었다. 더 중요한 것은 가치관이 달랐을 많은 사람이 한 사람으로 인하여 힘겨운 시간을 보냈을 수도 있다는 사실이다. 그 결과로 많은 영광과 성과가 있었더라도 나는 회개하지 않을 수 없다. 왜냐하면, 누군가는 소중한 인생의 행복해야 할 순간이 수치와 모멸과 좌절과 절망으로 불행했을 수도 있으니까.

중령 이후에는 나름대로 노력을 하였으나 어디까지나 내 기준이고 그들의 처지에서는 힘든 시간이었을 수 있다. 독서와 사색과 명상을 해야 하는 이유가 여기 있다. 머지않아 지천명이 다가오건만 아직도 알아야 할 것이 산적해 있고 깨닫고 반성해야 할 것이 지천이다. 책과 상황이 힌트를 주면 오로지 내 미약한 영혼과 부족한 이성으로 결론을 내야 한다. 사색과 명상으로, 고뇌와 번민으로……

내가 어느 순간 아프게 하였던 사람들, 모두에게 죄송하다, 진심으로. 그러나 이미 깨달은 이상 다른 사람들을 아프게 하지 않으리라! 남자의 명예와 사나이의 자존심과 군인의 신념으로.

2012. 5. 6.

아홉

사랑

일방적인 사랑이 더 아름답습니다. 사랑을 받는다는 것은 더 말할 나위 없이 행복한 것이지만, 받는 것보다도 주는 것이 더 아름답습니다. 자신의 안구를 앞 못 보는 자식에게 물려준 어머니, 죽어가는 연인을 끝까지 지켜 주는 지순한 사랑, 위기의 상황에서 모르는 사람을 구해주고 죽어가는 사람, 상식적으로는 무모하고 바보 같은 사람들의 사랑이지만 그런 사람으로 하여 영혼의 정화를 얻습니다. 이기적인 인간이 할 수 있다고 믿기 힘든 지고지순한 사랑이지요.

사랑을 준 만큼 받지 못하여 가슴 아파하지 말고 할 수 있는 만큼 사랑을 보내십시오. 마치 자기 자식에게 보내는 헌신적인 사랑처럼. 자식에게 보내는 사랑이 늙어서 용돈을 받거나 봉양 받을 욕심으로 하는 것은 아니지요? 봉사활동을 해 보세요. 모르는 사람에게 친절하고, 아낌없이 도와주세요. 사랑을 받은 사람도 물론 감동하고 오랫동안 기억하겠지만, 사랑을 준 사람만큼은 아니지요. 헌신적이고 희생적인 사랑을 준 사람의 영혼이 정화됩니다. 무한한 쾌감을 느끼지요.

사랑에는 일정한 형태가 있는 것이 아닙니다. 눈을 마주하고 경청하는 것도, 시공간을 초월하여 교감하는 것도, 함께 기뻐하고 아파하는 진심 어린 공감도, 조용히 옆에서 함께하는 것도 사랑의 한 형태입니다. 말로 글로 물질로 표현하는 것만이 아니지요. 사랑을 받는 사람은 자살하지 않는답니다. 자살하는 사람은 징후를 보낸다네요. 자신에게 관심 있는 사람이 있는지, 자신을 사랑하는 사람이 있는지, 자신이 우주에서 존재해야 할 이유가 있는지 알기 위해서 여러 가지 형태로 주변 사람에게 접촉한답니다. 일에 바빠서, 마음에 여유가 없어서 다음으로 미룬다면 돌이킬 수 없는 상황으로 전개될 수 있습니다. 죽고 나서 아무리 애통해해도 이미 늦은 거지요.

모든 사람은 독특합니다. 60억 사람 중에 같은 사람은 단 한 명도 없습니다. 물건은 없으면 새로 구하면 되지만, 어느 누군가를 대체할 수 있는 사람은 없습니다. 자식이나 친구가 죽는다면 자식을 더 갖고 친구를 새로 사귄다고 만족할 수 있을까요? 차는 새로 사면 만족할 수 있지만, 사람은 오직 그대여야만 내가 만족할 수 있습니다. 사람은 대체 불가능한 존재이기 때문입니다.

  누구도 나를 대신할 수 없다는 사실을 자신부터 깊이 인식하고 주변 사람에게 알린다면 여러 어려운 상황에서도 이겨 나갈 힘을 얻을 것입니다. 설령 돌려받지 못하더라도 많은 관심과 경청과 공감 같은 사랑으로 주변을 밝게 하고 자신의 영혼을 더욱 빛나게 만들기를 바랍니다.

2012. 9. 16.(일)

열  평등

 평등한 사회를 만들 수 있을 것인가? 결론적으로 말하면 이루어질 수 없는 상상 속의 이상사회일 뿐이다. 한국인의 평등의식은 세계에서도 손꼽힌다고 한다. 말하자면 남보다 잘하지는 못할지라도 남만큼은, 남보다 잘 살지는 못할지라도 남만큼은, 나는 어렵게 살더라도 자식들만큼은 잘되어야 한다는 신념 아래 남만큼 이루려는 경쟁의식으로 무한 질주한다.
 역사를 돌이켜보면 현재만큼 평등한 시기도 없었다. 원시시대, 삼국시대, 고려 시대, 조선 시대, 식민시대, 해방 이후 언제 지금처럼 인권이 보장되고 공정한 경쟁을 하였던가? 그런데도 한국인의 90%는 불공정과 불평등을 호소한다. 모두가 서울대를 지향하고, 고위공직자나 기업가 전문가 연예인이 되기를 원하며, 최소한 자신이 위치한 직업의 직급이나 직위에서 한두 단계 위의 사람과 평등해지기를 원한다.

사실 현재보다 대체로 평등했던 시절이 있긴 하였다. 전쟁으로 도시가 폐허가 되고 모든 재산을 잃어야 했던 한국전쟁 직후다. 모든 사람이 몸만 있을 뿐 가진 것이 없었기 때문에 사회적 불만도 적었고, 신분이나 경제적인 차별도 느낄 수 없었다. 그러나 국가의 권위에 의해 강제적인 근대화와 산업화가 이루어지면서 기회를 잡은 자와 기회를 적당하게 활용하지 못한 사람 간 사회적 지위와 재산의 차이가 벌어지면서 갈등이 시작되었다. 공정한 경쟁이었으면 불만이 없을 수도 있으나 민주화와 사회적 제도가 미비한 상태에서의 급속한 경제성장은 어쩔 수 없는 불공정과 불평등이 수반될 수밖에 없었고, 권위주의 시대에는 참고 억눌렀으나 민주화가 실현된 이후에는 모든 지역 모든 계층에서 동시에 평등을 요구하는 불만의 목소리가 폭발하였다.

사실 한국인의 심리적 저변에 있는 남에게 질 수 없다는 평등의식은 강한 성취동기를 자극하여 자식의 대에서는 남만큼 살게 하겠다는 교육열을 불러왔고 세계에서도 유례없는 고도의 경제성장을 이룰 수 있었다. 자본주의 사회에서의 평등은 기회의 평등이지 결과의 평등일 수 없다. 분배의 평등은 이루어질 수도 없겠지만 최대한 이룬 사회라면 공산주의나 사회주의 사회일 것이다. 주지하다시피 그것은 하향 평준화다. 소득이 이만 달러가 넘었는데도 모두가 모자란다고 아우성치는 시대, 상위 일 퍼센트 외에는 아직도 모자란다고 생각한다면 이제는 생각을 바꾸어야 할 때다. '누가 어떤 자원을 향유 하는가'보다는 '누가 어떻게 삶의 질을 풍부하게 만들어 가는가'로, '어떻게 하면 더 많은 돈을 벌 수 있을까'에서 '어떻게 인생의 목적을 위하여 적절하게 돈을 사용할 것인가'로.

소득이 오만 달러 십만 달러가 되더라도 더 가진 자와 덜 가진 자는 존재할 것이다. 덜 가진 자가 노력하여 더 갖게 되면 또 다른 누군가가 덜 갖게 될 것이다. 인생을 다른 누군가보다 더 갖기 위하여 노력하다 죽을 것인가? 어느 수준이 적당할 것인지는 개인의 생각에 따라 다르겠지만, 의식주가 해결되고 기본적인 문화생활(TV, PC, 자동차, 취미생활)을 하고 있다면 물질적 풍요보다는 정신적 풍요를 찾아야 할 때다.

남보다 더 갖는 것이 중요한 것인가, 스스로 무언가에 만족하고 행복한 것이 더 중요한 것인가? 어떤 사회에서도 완전한 평등을 이룰 수 없겠지만, 그래도 평등을 추구해야 한다면 그것은 물질의 소유가 아니라 교양과 품위와 행복 같은 정서적 심리적 만족도일 것이다.

2012. 11. 18.(일)

열하나
 발효(醱酵)와 부패(腐敗)

有機物이 효모균, 박테리아 미생물에 의해
분해되는 현상을 사전적 의미의 발효라 한다.

우리의 고유 음식인 된장이나 막걸리 김치가
발효 음식의 표본이라 할 수 있을 것이다.

우리가 땅을 일구고 씨앗을 뿌릴 때
가장 좋은 거름으로 쓰이는 퇴비는
잘 발효된 유기물이 자연을 되살리는
대지의 어머니 같은 역할을 한다.

짚이나 풀, 가축의 대소변, 음식물 찌꺼기 등의 유기물에
적당한 수분을 공급하고 약간의 흙을 덮어
몇 겹을 쌓아 올려 관리하여 일정한 기간이 지나면
김이 모락모락 열이 나면서 발효가 되어 간다.

6개월 정도가 지나면 충분히 발효된
기름진 퇴비로 승화된다.
이렇게 잘 썩은 거름을 대지에 뿌려주면
땅 힘이 살아나고 곡식도 풍년이 든다.

반면에 똑같은 유기물을 그대로 방치하면 부패균에 의해
유독한 물질과 악취를 풍기고 온갖 해충이 들끓으며
병균을 옮겨 자연을 파괴하는 부패의 원천으로 변한다.
나이를 들면서 자신을 돌아보는 횟수가 많아지는 것 같다.

과연 나의 한정된 삶의 과정은
부패해 가고 있을까?
아니면 조금씩이라도 발효되어 숙성하고 있는 것일까?

사람이 살지 않는 집을 우리는 폐가라고 부른다.
영(靈)과 육(肉)이 조화롭지 못하고 혼이 빠져 버린 육신은

시체에 불과하다.
한 사람의 삶이 부패, 발효한다는 것은
육체를 움직이는 그 정신이 무엇을 추구하고
한마음의 한 생각이 무엇을 탐하는가 하는 문제가 아닐까 싶다.

누구나 부패보다는
영혼이 발효된 성숙한 삶의 과정을 원할 것이다.
문제는 어떻게 하면 발효된 성숙한 삶이 되는가이다.

구체적인 방법이야 사람마다 제각각 천태만상이겠지만
우리는 그 지혜를 부패하는 유기물을
잘 발효된 퇴비로 만드는 과정에서 배울 수 있지 않을까?

음식물 찌꺼기나 가축의 배설물, 식물성의 각종 유기물을
귀찮다고 그대로 두면 얼마 지나지 않아 파리가 들끓고
부패균이 들어가 악취를 풍기며 썩는 것을 본다.

그럴 때 조금만 관심을 가지고
구석진 한곳으로 모아 적당한 수분과
흙으로 덮어 주고 관리하면 훌륭한 거름으로 바뀐다.

아름다운 영혼으로 발효된 성숙한 삶의 방법도

어쩌면 이렇게 간단한 이치로 해결될 수 있지 않을까?
아침에 일어나 하루를 시작할 때,
일주일의 한가한 주말 한때,
한 달 아니면 일 년 중 몇 번씩이라도

지금 여기 이 순간
내가 무슨 생각을 하고
내 마음이 무엇을 탐하고 있으며
참회하고 반성할 것은 없는지 되돌아보는 인생!

그래서 마음을 내려놓고
感謝하는 마음으로 되돌려 놓을 수만 있다면
틀림없이 그 살림살이는
숙성한 발효의 삶을 살아가고 있을 것이다!!!

무엇이든
지나침은 모자람과 같으니
적당한 중도의 지혜로

지금, 이 순간
과연 나의 삶은 부패하고 있는가?
아니면 발효하고 있는지를 되짚어 볼 일이다.

안녕하십니까? 어떻게 사는 것이 잘사는 것일까? 하는 생각에 몇 자 적어 봤습니다. 항상 감사한 마음으로 고마움을 느낍니다.

2009. 4. 15.
약동하는 봄날 예비역 준위 박○○ 드림

〈답글〉

참 좋습니다. 아름다운 봄날이 더욱 찬란하게 빛납니다. 원래 글 잘 쓰시는 줄은 알았지만 정말 다시 한번 깨닫습니다. 글을 잘 쓰시는 것이라기보다는 생각이 바른 것이겠지요.

그렇습니다. 발효냐, 부패냐 하는 것은 종이 한 장 차이지요. 아니 어쩌면 같은 것일지도 모르겠습니다. 다만 사람에게 유용한지 여부가 그런 표현을 불러왔겠지요.

상쾌한 아침에 좋은 사색의 시간을 주신 천상천하 최고최강의 남자 뜨거운 정열과 냉철한 이성을 겸비하신 감독관님의 아름다운 글에 감사드립니다. 언제까지나 발효하는 남자가 되도록 노력하겠습니다. 다른 분들에게도 좋은 말씀을 전해 주셨으면 좋겠습니다. 즐거운 아침, 행복한 하루 보내십시오.

열둘

 갈등

갈등(葛藤)은 칡과 등나무다. 칡과 등나무는 스스로 하늘을 향해 자랄 수 없는 덩굴 식물이다. 다른 물체를 감아야 하는 방향 식물이다. 그런데 칡은 왼쪽으로만 감고 등나무는 오른쪽으로만 감는다. 그래서 한 나무에서 자라면 서로 반대 방향으로 얽혀 올라가 풀기가 어렵다.

사람 사이도 마찬가지다. 사람의 마음은 묘해서 사소한 것으로 좋아지기도 하고 싫어지기도 한다. 한 번 싫어지기 시작하면 사사건건 시비를 따지게 되고 딴지를 건다. 갈등이다. 한 번 생긴 갈등은 여간해서는 풀기가 어렵다.

사람들을 좋아하는 것은 좋다. 그러나 지나치면 서로에게 기대가 커지고 의존하게 된다. 기대만큼 원하는 결과가 나오지 않으면

서운하게 되고 그것이 지속하면 갈등하게 된다. 기대와 희망이 때로는 갈등의 원인이 될 수도 있다.

인간관계도 지나치면 모자람과 같다. 그래서 특별한 사이가 아니라면 그저 좋아하는 정도나 싫지 않은 정도가 적당하다. 좋아하는 정도의 사람에게 큰 기대를 하지 않는다. 싫지 않은 정도의 사람에게는 거의 기대하지 않는다. 갈등할 이유가 별로 없다.

인간도 식물과 마찬가지로 개인 공간이 필요하다. 사람 사이에도 적당한 거리가 필요한 이유다. 아무리 사랑하는 사람이라도 종일 밀착 상태라면 사소한 이유로 갈등이 발생할 수 있다. 부부든 부자지간이든 최소한의 거리가 필요한 이유다. 가능하다면 많은 사람을 사랑하라. 그러나 상대에게 완전히 매몰될 정도는 피하라. 지나치게 접근하면 그가 피곤해할 것이며 오히려 멀리 달아날 수도 있다. 인간이나 식물이나 한 번 생긴 갈등은 풀기가 어렵다.

2020. 4. 27.(월)

열셋
사인 사색

　공구(孔丘)라는 사람이 있다. 공자(孔子)라고 추앙하는 사람이다. 동양은 공자 철학인 유학(儒學)의 영향을 많이 받았다. 질서가 없는 혼란기인 중국 춘추시대 인물인 공자는 질서 유지와 사회 안정을 최우선 가치로 삼았다. 대표적인 말이 욕망을 이겨 예를 회복하자는 극기복례(克己復禮)다. 공자는 질서 유지 방안으로 신분제 계급제 남녀차별을 주장하였으나 당시 기득권자의 입맛에 맞았기에 다른 모든 학설을 배척하고 근대 이전까지 주류학문을 이루었다.

　동양의 모든 사람과 마찬가지로 나의 사상과 인생에 가장 많은 영향을 준 사람이 공자다. 어려서부터 부모와 스승 말씀을 진리로 믿었으나 그것은 모두 공자님 말씀이었다. 군신유의(君臣有義) 부

자유친(父子有親) 부부유별(夫婦有別) 장유유서(長幼有序) 붕우유신(朋友有信)이 대표적이다. 살아오면서 경험과 다른 사상을 알게 되어 옳은 학문이 아니라는 걸 알게 되었다. 애국 애족이 좋은 말 같으나 외국인이나 외국을 차별하고 배척하라는 의미다. 현재의 인류애와는 많은 차이가 있다.

이이(李耳)라는 사람이 있다. 공자와 비슷한 시기에 살았고 사람이 억지로 관여하지 말고 자연에 순응해 사는 게 옳다고 주장한 노자(老子)다. 나는 40대부터 노자의 사상이 마음에 들었다. 철저히 인위적인 유학에 비교하여 자연에 순응하여 살라는 도학(道學)이 매력적이었으나 그것이 서민을 위한 가르침이 아니라 위정자에게 말한 통치술이었다는 것을 알고 멀어졌다.

묵적(墨翟)이라는 사람이 있다. 사람을 차별 없이 사랑하라는 겸애(兼愛)를 주장한 묵자(墨子)다. 묵자는 신분과 계급과 피·아 구분 없이 두루 사람을 사랑해야 한다고 했다. 원수를 사랑하라는 예수의 가르침과 가장 유사하다. 묵자 겸애의 핵심은 적을 없애라는 말이다. 죽여 없애라는 말이 아니라 누구라도 적과 아군으로 구분하여 차별하지 말라는 말이다. 현재의 인류애와 가장 근접한 사상인데 현재 열심히 탐구하는 철학자다.

양주(楊朱)라는 사람이 있다. 노자계열 철학자인데 자신을 위하라는 위아(爲我)를 주장한 양자(楊子)이다. 위아는 어떤 타인도 특별히 취급하지 말고 오직 자신만을 위하라는 철저히 이기주의적 사상이다. 그러나 내면을 살피면 뜻밖으로 묵자 이상의 인류애가 숨어있다. 겸애가 사람을 차별 없는 사랑으로 적을 없애자는 사상이라면 위아는 우리를 없애자는 말이다. 가까운 사람끼리 뭉치니 파벌 족벌 국가가 생겨 서로 경쟁하고 공격한다는 것이다. 가장 가까운 사람마저 모르는 타인과 마찬가지로 대하여 우리라는 의식을 없애자는 말이다. 뭉치면 살고 흩어지면 죽는다는 이승만의 말과는 반대다.

흩어져라! 그러면 다툼이 없어질 것이다. 얼마나 멋진 발상인가? 가장 가까운 사람마저 알지 못하는 타인과 같이 대하라니……. 사상적으로는 훌륭할 수 있으나 생명체의 본성인 생존과 번식 법칙에 역행하므로 모든 사람이 따르기에는 무리가 있을 듯하다. 그래도 우리를 해체하면 개인적 경쟁은 있을지언정 집단적 투쟁은 사라질 것이니 얼마나 평화로운 세상일 것인가?

세상은 넓고 사람은 많다. 그중에는 천재 기인 이인도 있다. 그들의 사상을 두루 섭렵해야 한다. 학교에서 가르치는 것은 진리의 전부가 아니다. 아주 작은 편린일 뿐이다. 국가나 사회에서 알려주지 않거나 권장하지 않는 분야까지 두루 이해해야 비로소 세상을 제대로 볼 수 있는 혜안이 생긴다. 직장이나 사회에서 원하지 않아도 범인의 경지를 넘어 새로운 것을 보고자 한다면 스스로 공부하는 수밖에 없다.

2020. 5. 3.(일)

열넷
 상전벽해

상전벽해(桑田碧海)란 뽕나무밭이 푸른 바다로 바뀌었다는 말로 천지개벽과도 같은 큰 변화가 일어났다는 말이다.

5월 5일 오늘 2020시즌 KBO 프로야구가 개막되었다. 야구 후진국 한국의 프로야구에 관심 가진 사람은 없다. 한국 사람을 뺀다면. 그러나 올해는 다르다. 코로나바이러스에 의하여 전 세계의 모든 스포츠가 중단된 상황에서 한국의 프로야구가 무관중 형태로 개막되자 스포츠에 목말라하는 미국이나 일본 야구 선진국에서 취재와 중계를 위해 한국에 몰려든 것이다.

1887년에 시작된 미국이나 1936년에 시작된 일본에 비하면 1982년에 시작된 한국 프로야구는 아직 청소년기라고 할 수 있다. 야구 역사뿐만 아니라 팀 수, 관중 규모, 실력 등 모든 면에서 미국이나 일본에 뒤지지만, 특히 평균 연봉은 미국이 약 47억 원, 일본이 약 3억8000만 원인 대 반해 한국은 약 1억5000만 원에 불과하다. 당연히 메이저리그에 대한 관심이 많고 전 세계의 야구 팬은 미국 메이저리그를 주목한다.

2019년에 발생한 코로나바이러스는 대한민국에 큰 시름을 안겨주었으나 뜻밖의 기회도 제공하였다. 소득수준은 많이 향상되었어도 시민의식이나 문화 수준에서는 선진국에 미치지 못한 것으로 인식하였으나 코로나바이러스에 대한 효율적 방역대책이나 국민의 자발적 호응으로 가장 빠르게 위기에서 벗어나자 인류의 시선이 바뀌었다. 한국에 대하여 잘 모르던 외국인이 한국을 선진국으로 바라보게 된 것이다.

거기에 더해 5월 5일 프로야구가 개막되고 5월 8일 프로축구가 개막된다고 하자 전 세계의 스포츠인은 한국을 주목하고 있고, ESPN은 야구의 본고장 미국에 한국 프로야구를 생중계하고, 축구 선진국인 유럽의 여러 나라에서 한국의 프로축구를 중계한다고 한다.

그야말로 상전벽해다. 중국에 이어 코로나바이러스의 창궐로 절망했던 국민은 뒤바뀐 상황에 어리둥절하면서도 마음껏 즐기고 있다. 언제 이런 날이 오리라고 짐작이나 하였던가? 동양의 소국 대한민국이 의료검진의 표준이 되고 한국의 프로스포츠가 전 세계에 생중계되리라고 예측이나 할 수 있었던가?

우연이던 행운이든 좋다. 우리의 의도나 의지의 반영이 아니라고 해도 좋다. 세상일이 어디 사람의 뜻대로만 흘러가던가? 그러나 좋은 것이 항상 좋은 것은 아니다. 권력자나 재벌이 시민의 질시 어린 감독을 받듯 세계가 주목하는 순간 제대로 일을 한다면 모두가 부러워하는 대한민국으로 각인되겠지만, 삐끗하는 순간 나락으로 추락할 것이다. 모두가 주시할 때 제대로 해야 한다. 우리는 현재를 즐기면서도 호사다마를 생각해야 한다.

2020. 5. 5.(화)

열다섯
악마의 조건

　시인 김남주는 '어떤 관료'라는 시를 썼다. 관료를 개에 비유하여 개는 오직 밥을 주는 사람을 주인으로 하듯 봉급을 주는 사람을 주인으로 인식한다는 의미의 시다.
　시에서 어떤 관료는 일제 말기에 면서기로 채용되어 근면하게 일했고, 미 군정에서는 정직하게 일했으며, 자유당 시절에는 성실하게 일했고, 공화당 시절에는 공정하게 일했다. 그 보답으로 민정당 시절에 반평생을 국가에 충성하고 국민에게 봉사한 공로로 청백리상을 받았다.
　전체주의를 연구했던 여성 철학자 한나 아렌트는 '예루살렘의 아이히만'에서 유대인 학살에 핵심적으로 관여했던 아이히만의 재판과정을 지켜보면서 놀라운 사실을 발견하였다. 수백만 명의 학살에 깊이 관여한 아이히만은 악마가 아니었다. 성격이 악독하거나 기이하지도 않았고 타인에게 비난받을 말이나 행동을 하지도 않았다. 자신의 발전을 위하여 특별하게 근면한 것을 제외하면 어떤 특징조차 없었다. 성실하고 근면한 지극히 평범한 사람이었다.

무엇이 악마를 만드는가? 우리는 생각을 해야 한다. 사람이 사람대접을 받으려면 인간적 사고를 해야 한다. 어떤 관료나 아이히만은 법을 어기지는 않았다. 그가 악마같이 보이는 이유는 단 하나다. 자신의 행위에 대하여 깊이 사유하지 않았을 뿐이다. 상관의 명령에 그 시비곡직을 판단하지 않고 맹목적으로, 근면하고 정직하며 성실하고 공정하게 수행했을 뿐이다.

누구나 자신이 악마가 되거나 악마로 보이는 것을 원하지 않는다. 그러나 의외로 악마가 되는 길은 쉽다. 자신의 말과 행위에 대한 끊임없는 성찰이 없다면 우리는 언제라도 악마가 될 수 있다.

이승만 정권의 조봉암 사형, 박정희 정권의 인혁당 사건, 광주민주화운동 당시 시민학살, 일제의 남경대학살 총 책임자는 따로 있을 것이나 그 과정에 참여한 사람은 여럿이다. 권력에 밀려서 어쩔 수 없다 하더라도 자신의 행위가 불의하다고 판단되면 자리를 떠나야 한다. 봉급을 위하여 불의한 자리를 지키는 것은 이미 뇌사 상태에서 산소호흡기로 연명하는 것과 다를 바 없다.

2020. 5. 7.(목)

열여섯
인간의 사랑

생물학자 최재천 교수는 저서에서 '알면 사랑한다.'라고 하였지만, 철학자 강신주 박사는 '우리는 타자를 알아서 타자를 사랑하는 것이 아니라, 타자를 사랑하기 때문에 타자를 알아간다.'라고 하였다. 앞뒤가 바뀌었지만 알아서 사랑하든 사랑해서 알게 되든 앎과 사랑은 밀접한 관계에 있는 것은 사실인 모양이다.

하긴 모르는 사물이나 사람을 어떻게 사랑하겠는가? 본 적도 없고 들은 적도 없으며 상상할 수도 없는 것이라면 모르는 것이라고 할 수 있다. 모르는 것에는 어떤 느낌도 없을 것이므로 사랑할 수 없다. 아는 것만 사랑할 수 있는 것이다.

어떤 사물이나 사람도 처음 봤을 때는 실체를 알 수 없다. 개념도 없다. 처음 본 아름다운 꽃이나 여성에 대하여 알 수 없는 끌

림이 발생하였다면 대상을 탐구할 것이다. 그러면 점차 대상을 알게 될 것이다. 모르는 것이었지만 사랑하여 알게 된 것이다.

　알면 사랑하게 된다는 최재천 교수나 사랑하면 알게 된다는 강신주 박사의 말은 모두 타당한 셈이다. 사람은 아는 것만 사랑하는 것이 아니라 알 수 없는 것을 사랑하기도 한다.

　사람은 신을 알 수 없다. 전지전능하고 영원불멸의 존재가 신이라면 신에 대한 모든 것을 알 수 없다. 지식의 한계가 확실한 인간이 모든 것을 안다는 신의 정체를 정확히 알 수 없으며, 유한한 생명체인 인간이 불멸의 확실한 개념을 이해하거나 증명할 수는 없다. 신은 알 수 없는 존재인 것이다. 비록 알 수 없는 존재지만 인간은 각 개인의 상상으로 어슴푸레 짐작하는 신을 사랑할 수 있다. 자신의 사유를 믿음으로써 사랑할 수 있는 것이다.

　알면 사랑한다. 사랑하면 알게 된다. 알 수 없는 것도 사랑한다. 사랑한다고 하여 대상을 정확히 알 수 있는 것은 아니다. 아는 것을 사랑하고, 사랑하는 것을 알게 되고, 알 수 없는 것을 사랑하며, 사랑해도 알 수 없는 인간은 난해하며 위대한 생명체다.

　2020. 5. 7.(목)

열일곱
🖊 공군 소령 조자룡에게

고난의 세월을 살아가고 있는 조자룡 군. 지나온 과거가 그랬듯이 오늘도 힘겹게 살아가고 있으며, 기약 없는 미래에 신음하며 답답한 가슴을 뚫지 못해 연일 술을 수면제 삼아 잠드는 그대를 볼 때, 한편으로는 불쌍하기도 하고 안타깝기도 하오.

그대가 늘 후배나 부하들에게 했던 말을 기억하시오. 현재 그대가 가장 힘든 것으로 착각하고 살아가고 있으나 결코, 그렇지 않다는 것을. 그대에게 부딪쳐오는 온갖 난관들이 그대만이 느끼는 특별한 것이 아니라 모든 사람이 느끼는 평범한 일상이라는 것을. 다른 사람에게 오는 위기는 대수롭지 않게 생각되지만, 막상 자기에게 닥치면 엄청난 고민과 고통을 안겨준다는 사실을 이미 알았을 터.

늘 자신에게 다짐하고 후배들에게 역설했던 그대의 말을 되새기고 힘을 내시오. 나아가시오. 비록 미래가 불투명하지만, 항상 절망만 존재하는 것은 아니오. 젊은 날 죽고 싶을 정도로 고통스러운 일이 많이 있었지만 살았기에 월드컵의 감동을 맛볼 수 있었던 것 아니오? 비록 현재 그대가 감내해야 할 고통의 크기가 견디기 어려울 정도라 하여도 그대가 늘 강조하는 남자가 한번 말한 것은 끝까지 지키기를 바라오.

운명의 순간, 선택의 시기가 다가올수록 갈등은 커질 것이오. 인생에서 승부란 모든 사람에게 있어 굉장히 중요하지만, 그 과정은 정정당당한 것이어야 하오. 반칙으로 순간적인 승부에서는 이길 수 있다 하여도 결국 인생의 긴 승부에서는 이길 수가 없는 법, 아무도 반칙한 것을 알 수 없을 것으로 생각하면 큰 오산이라오. 하늘이 알고 땅이 알며, 아내와 자식들이 알게 될 것이고, 그대의 주변에 있는 부하들과 절친한 동료 후배들이 알게 될 것이오. 다음에 무슨 면목으로 그들에게 바르게 살아가라고 훈계할 것이며 어떻게 낯을 들고 그들을 대면하려오.

이제까지 그래왔듯 다소 버겁더라도 그대의 순결한 영혼과 부실한 육체로 감당하고 버티시오. 이제까지 살면서 부하들에게, 교육사에서 후배 장교 부사관 병 교육생들에게 가르치지 않았소. 한번 비굴해지면 영원히 회복할 수 없다고. 다른 사람들이 모두 잊고 용서를 하더라도 그대의 가슴속에는 영원히 굴욕으로 새겨질 터, 그대가 늘 이야기하였듯 군대는 진급하기 위하여 온 것이 아니지 않소.

국군의 존재 이유가 조국과 국민의 생명과 자유를 지키는 것이 듯이 군인인 그대의 존재 이유는 오직 그대가 입이 닳도록 외쳤던 사랑하는 조국 대한민국의 안보와 영광, 사랑하는 한민족과 가족을 지키기 위해서요. 한 번 무너지면 돌이킬 수가 없소. 실패하거나 실수하는 것은 회복할 수 있을지 몰라도 정신적으로 자신의 신념이 무너지는 순간 그대는 이미 조자룡이 아닌 전혀 다른 사람일 것이오. 자신의 잘못을 운명이나 상황 탓으로 돌리면서 얼마 후에는 다시 똑같은 잘못을 반복할 것이오. 일말의 가책도 느끼지 않으면서.

언젠가 말하지 않았소. 불명예스러운 진급보다는 명예로운 소령으로 남겠다고. 전두환이나 노태우를 욕하면서 군인의 명예를 지키기 위해서는 목숨마저도 초개와 같이 버려야 한다고 분노하지 않았소? 그대가 비록 힘들다 하여도 목숨이 오가는 수준은 아닐 것이오. 이제까지 누구의 도움도 없이 꿋꿋하게 당당하게 씩씩하게 버티어 왔듯이 불과 얼마 남지 않은 어떤 순간을 위하여 이제까지 살아온 자신의 과거를 날려 보내지 마시오.

수많은 선배나 정치인이 되풀이하는 잘못을 범하지 마시오. 언젠가 진실은 밝혀지는 법, 그때 가서 후회하지 않도록, 그대가 늘 말했던 바보가 되지 않도록, 다른 사람은 어떤 행위를 하더라도 적어도 그대만은 그래서는 아니 될 것이오. 그것이 그대가 말하는 남자요, 사나이의 길이오.

시간은 유수같이 흘러 불과 얼마 후에는 지금 그대가 유혹받고 있는 불의에 대한 가책과 후회에 몸부림치면서 고통스러워할 것이오. 내가 그대를 믿지만, 알 수 없는 것이 사람의 마음이라는 것을 또한 안다오. 장부로 태어나 삼척 검을 허리에 차고, 한 필 말에 의지해 천하를 종횡해야 하겠지만, 그것이 속임수여서는 아니 될 것이오. 그대를 사랑하는 사람들이 그대가 잘될 것을 바라는 것은 사실이지만, 순수한 그대의 역량으로 잘 되기를 바라는 것이지 비겁하거나 비굴한 방법으로 잘 되기를 바라지는 않을 것이오.

그들이 그대를 사랑하는 것은 정의와 순수한 열정과 인간적인 의리 때문이지 결코 계급이나 권력 때문만은 아닐 터, 그들에게 실망을 안겨서는 아니 되오. 사랑하는 그대여, 힘을 내시오, 가슴이 답답하고 머리가 빠개지는 듯하여도 견디어 내시오. 당신이 좌우명이라고 써 놓은 '죽을 때 축하받지 않는 사람이 되자'라는 말처럼 죽을 때 축하받고 싶지 않거든. 언제나 당당하고 늠름하게 전진하는 남자, 조자룡의 건투를 비오.

2006. 7. 23.(일)
중령 진급심사를 앞두고 나에게 쓴 편지

열여덟
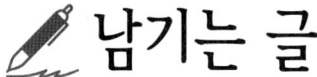 남기는 글

죽을병에 걸린 것도 아니고, 오늘 당장 죽는 일도 없겠지만 책을 읽다 보니 잡코리아 사장인 김승남 씨는 매년 말 '유서'를 쓴다고 하는데, 세상일이란 알 수 없을뿐더러 막연히 별일 없을 것으로만 생각하고 사는 것보다 막상 이 세상을 떠난다는 순간에 어떤 생각을 하게 될 것인지 기록하는 것도 의미가 있을 것으로 생각되어 이 글을 적는다.

아내에게

사랑하는 여보, 험한 세상에 해야 할 많은 일을 당신에게 남겨

두고 먼저 가서 미안하오. 당신이 이성으로서의 감정을 느끼게 한 첫 번째 여성은 아니었지만, 당신도 잘 알다시피 당신을 만나고 나서는 단 한 번도 다른 여성에게 한눈을 팔지 않았다고 자부하오. 별로 중요한 것은 아니겠지만.

평소에 늘 당신과 함께 생활하였기에 내 생각을 잘 알 것으로 생각하고, 또한 당신의 생각과 판단을 믿기에 특별히 남기고 싶은 말은 없소. 다만 내 생각은 기회가 되는대로 기록하고 있는 일기 또는 편지 형태의 '사상과 철학'을 읽어보면 잘 알 수 있을 것으로 생각하고, 만약 내가 죽고 아이들이 중학교 이상이 되면 한 번쯤 읽어 볼 수 있도록 권했으면 좋겠소. 만약 읽고 별 감흥을 느끼지 못한다면 고등학교, 대학교 때 읽어보도록 하고, 내가 처음 글을 쓰기 시작한 2002년도, 즉 아이들이 37세가 되면 꼭 한 번 읽도록 했으면 하오.

세상에 나와서 정신적으로 물질적으로 이루어 놓은 것은 아무 것도 없고, 오직 당신과 함께 애절하게 사랑하는 세 자식 아연이, 상연이, 혜연이뿐이오. 단점도 분명히 존재하지만 나름대로 장점이 더 큰 아이들이라고 생각하오. 여러 어려움이 따르겠지만 적어도 고등학교 졸업할 때까지는 최대한 도움을 주기 바라오. 그리고 가지고 있는 현금은 현재 마이너스를 기록하고 있는 통장과 대우증권 대전지점에 예탁해 놓은 것이 전부이니 상황을 봐서 모두 현금화해서 활용하던지 좀 더 지켜보았다가 처리하던지 잘 판단을 하오. 그리고 현역으로 공무 외 사망을 하게 되면 퇴직연금은 일시금으로 지급되며, 대신 보훈처에서 유족연금이 나오게 되어 있으니 반드시 일시금이 아닌 연금 형태로 수령 하도록 하오. 금액은 얼마 되지 않지만, 생계를 유지하는 데는 도움이 될 것이오. 주변의 어떤 압력이나 유혹이나 요구에도 굴복해서는 안 되고 반드시 지켜야 할 아이들의 생명줄이오. 다만, 당신이 결혼하게 되면 유족연금은 중단된다니 참고하시오.

아이들에게는 장모님이나 내 부모님 또는 양가 친척들에게 영원한 혈연이니 가능하다면 현재의 인연을 유지해 나갔으면 좋겠소. 물론 어떤 금전적인 문제나 당신의 결혼 등으로 어쩔 수 없는 경우에는 제외하고 말이오.

마지막으로 너무 젊은 나이에 혼자가 된 당신에게는 참으로 미안한 마음이고, 아이들이 성장해서 이해할 나이가 되면 앞으로도 긴 세월을 살아가야 하므로 마음에 드는 동반자를 찾도록 하시오. 내 경우에는 고등학생이 되니 대략 어른들의 마음을 이해하게 되었으나 우리 아이들의 경우는 어떨지 모르겠소. 하여튼 아이들이 상처를 받지 않거나 정말 훌륭한 당신의 남편감이자 아이들의 아버지 자격이 있다고 판단되면 결혼을 하도록 하오. 살아서 당신을 행복하게 해주지 못한 못난 남편의 마지막 선물이자 부탁이오.

당신에게 사랑을 주기보다는 늘 큰소리만 쳤던 나로서는 당신이 정말 과분한 아내였었다는 것을 고백하며, 부디 행복하게 오래오래 사시오.

아연이, 상연이, 혜연이에게

정말로 사랑하는 나의 아들딸 아연이, 상연이, 혜연아. 아빠는 너희가 완전히 성장해서 좋은 배우자를 만나 손자 손녀들이 자라는 모습까지 보고 싶었다만 이렇게 예고 없이 헤어지게 되었구나. 정말 미안하다. 아빠는 어렸을 때 부모가 결혼하지 않았다면 모르되 만약에 결혼을 했다면 최소한 아이들이 성인이 될 때까지 책임을 져야 한다고 생각하고 말하였는데 아빠가 실천하지 못하게 되었구나. 하지만 너희들이 잘 알다시피 아빠가 삶이 힘들어서 자살한 것이 아니고 정말 우연한 사고로 죽었다는 것을 핑계로 이해하려무나.

아빠의 비인간적인 사고방식을 사람 중심으로 바꿔준 나의 소중한 아들딸들아, 아빠는 너희가 있어 정말 행복했고, 너희가 태어나는 순간이 아빠에게는 기적이었다. 책에서나 TV에서 남녀가 만나면 자식이 생긴다는 사실은 익히 알았지만, 막상 내가, 신이 아닌 내 힘으로 너희를 탄생시켰다는 사실이 믿기지 않았단다. 그야말로 경이로움이요, 기적이었지. 아마 너희도 2세를 보게 되면 그러한 느낌을 알 수 있을 것이다. 기적과 행복을 안겨준 너희에게 정말 마음으로 감사한다.

평소에 너희에게 한 말이 무엇인지 모두 기억이 나진 않지만 나름대로 아빠의 생각을 이해하고 있을 것으로 믿는다. 그리고 너희 모두 단점보다는 장점이 많은 사람이므로, 책을 좋아하고 인간

세계를 잘 이해하면서 어떻게 살아가야 할지, 무엇을 하면서 살아가야 할지 잘 알고 있을 것으로 믿는다. 세상을 살아가는 데는 많은 격언, 금언, 명언들이 있지만, 그중의 하나는 '세상에는 결코 공짜가 없다'라는 사실이다. 따라서 공짜를 바라서도 안 되고 우연히 생기더라도 배경을 잘 생각해 보아야 한다. 분명 누군가가 사기를 치기 위한 미끼이거나 다른 누군가의 피해가 있을 것이다. 그에 따른 보복이나 반발이 당연히 따르겠지.

그리고 다른 하나는 사람이 배우는 것은 알기 위해서가 아니라 실천하기 위해서란 사실이다. 훌륭한 삶을 위해서 필요한 것은 지식이나 지혜보다 이미 알고 있는 바를 실천하려는 의지와 열정이다. 가장 좋은 것은 남보다 빨리 많이 알면서 끝까지 실천하는 것이겠지. 아빠가 말한 두 가지를 잘 기억해서 생활한다면 살아가는 데 많은 도움이 될 것이다.

그리고 이미 말한 바 있지만 어떤 계기가 있을 때마다 글로 남겨두기를 바란다. 소위 말하는 일기라는 것인데, 바쁜 세상에서 매일매일 장문의 일기를 쓴다는 것은 불가능하겠지만 1주일 또는 한 달에 한 번 정도 특별한 일이 있을 때 쓰는 것은 가능할 것이다. 아빠가 정말 권하고 싶은 것이고, 아빠가 생각나거나 슬프거나 어려운 일이 있을 때는 아빠가 쓴 '사상과 철학'을 읽어보려무나. 지금 하고 싶은 말 중 못한 말이 녹아 있을 것이다.

아빠는 이제 너희와 이 세상에서 헤어지지만, 너희 꿈인 훌륭한 선생님, 위대한 과학자, 영원한 예술가가 되어 가는 모습을 저

세상에서 보고, 함께 기뻐하고 함께 슬퍼하마.

　사람에게 가장 중요한 사람은 자신이 사랑하는 사람이다. 엄마나 아빠에게는 너희 셋이 가장 소중하듯이. 그렇지만 내가 사랑하는 사람이 가장 중요하지만 못지않게 중요한 사람이 바로 나를 사랑하는 사람이란다. 내게는 부모님이나 아내가 되겠지. 너희에게도 부모란 정말 중요한 존재인데, 언제 어느 때나 너희를 위해서 희생할 수 있는 유일한 존재란다. 그 중요한 사람 중 한 명인 아빠가 없으니, 엄마의 중요성은 더욱 커질 수밖에 없을 것이다. 세상에서 너희를 가장 사랑하는 사람인 엄마를 더욱 아껴 주고 도와주고 사랑해 주려무나.

　그리고 언제일지는 모르지만, 엄마를 아껴 주고 진정으로 사랑하는 남자가 나타나거든 결혼해서 행복하게 살 수 있도록 도와주렴. 물론 부모란 존재는 자신의 분신인 자식을 가장 많이 사랑하지만, 부부간에 의지하면서 살아가는 것이 훨씬 수월한 것이 세상이다. 그것을 이해할 때 즈음이면 엄마를 위해서 너희가 적극적으로 나섰으면 하는 것이 아빠의 소망이다. 중국의 고사성어 '결초보은'을 완전히 이해하게 되면 아빠의 말이 무슨 말인지 이해할 수 있을 것이다.

　예쁘고 착하고 똑똑한 큰딸 아연이, 잘 생기고 씩씩하고 당당하며 늠름하면서도 똑똑한 상연이, 예쁘고 창조적이면서 똑똑한 혜연아, 사랑한다. 부디 잘 살아라. 죽을 때 다른 사람들로부터 결코, 축하받는 사람이 되지 않도록.

부모, 장모님께

　세상에서 저를 가장 사랑하시는 부모님, 장모님 죄송합니다. 오래 살면서 효도는 제대로 하지 못하더라도 잘 사는 모습을 보여 드리고 싶었는데 뜻하지 않게 이렇게 이승을 떠나게 되었습니다.
　어떤 때는 속도 썩이고, 반항도 하였으며, 불만을 토로하기도 했지만, 이 세상을 구경할 수 있도록 해 주신 부모님과 아내를 있게 해 준 장모님께 진심으로 감사드립니다. 어렸을 때 제가 한 말이 생각납니다. 부모가 결혼해서 자식을 낳았으면 최소한 스무 살이 될 때까지 살아서 책임을 져야 하고, 자식으로 태어났으면 최소한 부모님이 살아있는 동안에는 살아야 한다고. 어떠한 고통과 고난과 역경이 닥치더라도. 이제 제가 주장했던 말을 실천하지 못하고 갑니다. 비록 원해서 죽은 것은 아니라고 하더라도 부모님께는 정말 죄송하고 송구스럽습니다. 부디 남은 생애 동안 더 행복하시고, 남기고 가는 아내와 제 새끼들을 계속 사랑해 주십시오.

　형제들과 처가 형제 모두에게 미안하고 죄송합니다. 가진 능력은 없어도 조금이라도 도움이 되는 사람이 되려고 노력했는데 이렇게 먼저 떠나게 되었습니다. 그동안의 사랑과 배려와 도움에 진심으로 감사드리고 제가 없어 더욱 살아가는데 어려움이 많이 따를 것이 예상되는 제 아내와 아이들에게 지속적인 관심과 사랑을 부탁드립니다. 부디 살아생전에 더 많은 사람을 사랑하고, 더 많은 사람에게 베풀면서 행복하게 오래오래 사시기를 기원합니다.

초등학교, 중학교, 고등학교, 대학교 친구, 선배, 후배 여러분, 일일이 거명을 하지 못해 죄송하고, 먼저 떠나게 되어 죄송합니다. 평소에는 가깝게 지내지 못하더라도 언젠가 한가해지면 찾아뵙고 옛이야기로 회포를 풀려고 하였는데 예기치 않은 사고로 이제 영영 이별해야 합니다. 그동안 베풀어 주신 사랑과 우정에 진심으로 감사드리며, 살아서 잘못했던 것, 언짢았던 것 모두 용서하시고 건강하고 즐겁고 행복하게 오래오래 사시면서 인생의 목적했던 바를 모두 이루시길 바랍니다. 죽어서 이승에 대하여 모른다면 어쩔 수 없거니와 만약 죽어서도 아는 것이 있다면, 여러분의 앞날에 조금의 빛이라도 될 수 있도록 노력하겠습니다. 행복하세요.

인생의 절반을 함께 한 공군의 전우 여러분, 특히 같은 특기로 일선에서 힘들게 일하면서 공군의 주류인 조종사에게 밀리고, 베풀 것이 없어 후방분야 사람들한테까지 큰소리치지 못하면서 같은 일선에서 근무하는 정비에게마저 수적으로나 계급으로 밀려 아픈 비애를 간직하고 살아가는 무장 전우들, 보수에서도 명예에서도 가정에 투자하는 시간에서도 세상 사람들보다 못해 가슴 아픈 아저씨들, 함께한 시간은 얼마 되지 않지만, 마음만은 언제나 함께였습니다. 힘도 없고 돈도 없어도 조금이라도 도움이 되려고 하였는데 이렇게 젊은 나이에 먼저 떠납니다. 비록 세상이 전우들을 괴롭히더라도 슬퍼하거나 괴로워하지 말고 무장전사의 빛나는 영혼과 반석과도 같이 단단한 정신과 무쇠같이 튼튼한 육신으로 다가오는 모든 상황과 고통과 난관과 역경을 인내하고, 돌파하고, 극복하면서 늘 강조했던 믿음직한 남편, 자랑스러운 아버지, 강력한 남자, 늠름한 군인, 의리의 사나이로 살아가시기를 충심으로 소망합니다.

그 밖에 인연을 맺었던 수많은 사람, 일일이 거명하지 못하여 죄송합니다. 나를 슬프게도 하였고 기쁘게도 하였으며, 고통스럽게도 하였고 감동을 주기도 하였으며, 때로는 칭찬으로 때로는 가혹한 체벌로 인생의 의미와 삶의 방향을 제시해준 여러분 모두가 스승이었습니다. 인연을 맺었던 모든 사람의 건강과 행복을 기원합니다.

어렸을 적 반공교육과 삼국지의 영향으로 군인을 희망하였고, 대장, 참모총장, 대통령이 꿈이었으며, 관우의 의리와 조자룡의 성실을 가슴속에 간직하였고, 오직 대한민국의 영광만이 진정한 내 영혼의 목적지였던 사람, 박세리의 버디에 환호하고, 박찬호의 패배에 가슴 아팠으며, 황선홍의 첫 골에 열광하였고, 안정환의 골든골에 영혼이 파열하는 극한의 희열을 느꼈던 사람, 2002년 월드컵이 있어 그렇게도 소망하던 한민족의 단합하는 모습에 눈물 흘리며 감동했던 남자이면서 늘 남자이기를 원했고, 군인이면서 군인임을 주장하고, 사나이면서 곧 죽어도 사나이라고 외치던 자칭 열혈남아 조자룡은 갑니다. 이 세상에서 만났던 모든 사람을 사랑하면서.

사랑하는 내 아내 안삼숙씨, 그리고 나의 소중한 분신 아연, 상연, 혜연아, 만족스럽지 못한 남편이자 아버지였지만 좋게 기억을 해주고 만약에 국립묘지 비문에 글을 남기려거든 다음과 같은 글을 남겼으면 하오.

"사랑하는 조국 대한민국의 완전한 수호와 찬란한 영광을 갈망하였으며, 한때 대통령이 꿈이었고, 겸손하되 비굴하지 말고 당당하되 거만하지 말라는 신조와 함께 늘 남자, 군인, 사나이를 외쳤던 자칭 열혈남아 조자룡 여기 잠들다."

2008. 12. 31.(화)